Special support education

特別支援教育
すきまスキル

小学校上学年・中学校 編

青山 新吾 編
堀 裕嗣

明治図書

まえがき

　こんにちは。青山新吾と申します。

　このたび，堀裕嗣さんと一緒に「特別支援教育すきまスキル」シリーズを編集させていただきました。小学校下学年版と小学校上学年・中学校版の２冊が同時に刊行されました。お手にとっていただきありがとうございます。

　平成19（2007）年に学校教育法の一部改正があり，特別支援教育は法律に位置づけられて本格的に始まりました。それから10余年が過ぎ，時代はインクルーシブ教育システムを構築し，共生社会の形成に向けての教育を進めていこうと動いています。しかし，実際には，学校現場の中で特別支援教育が十分に機能しているとは言えないように思うのです。多くの学びにくさ，生活しにくさのある子どもたちが安心して学べているとは言い難い状況が散見されるように思えます。

　その理由は多岐にわたっています。中でも，その大きな理由として，小・中学校の教員が，学校現場の実態に応じた特別支援にかかわる基礎的なスキルを持ち得ていないことがあげられるでしょう。ここで言っている基礎的スキルとは，普通の教師が普通に行えるレベルのものを指しています。特別支援教育を専門的に深く学んでいる一部教師だけが行えるものを指してはいません。

　本書は，学校現場で日常的に目にする光景に対して，誰が行ってもこれだけはやりたいという基礎的スキルを整理

し，提供することを目的としています。

　しかし，本書は単なるスキル紹介の書籍ではありません。学校現場でよく聞かれる「困っているのですが，どうしたらよいですか？」という問いに，直ぐに応えるものではありません。そうではなくて，スキルを導き出した思考の仕方も合わせて示していくものになっています。

　先ず本書では，学校現場の日常の中で生じそうな状況をピックアップしました。そして，それぞれに応じて

　・その状況の背景要因の分析
　　＝なぜその状況が生じているのかを読み解くこと
　・そのために知っておくべき知識
　・その状況に対しての
　　①集団に対する指導スキル　②個別の支援スキル

をパッケージにして示しています。これは，いかなる状況に対しても，教師が思考する手順を示しているのです。

　困った状況に対して，直ぐに指導や支援を行うのではなくて，先ずは背景を読み解いていきます。また，何でも個別に支援するのではなく，その状況が生じている集団全体にアプローチを試みます。同時に，個別の支援も検討していくのです。特別支援においては「集団の中の個」という見方が重要です。本書で私たちは，集団と個のバランスを意識して，スキルを学んでいくことを提案しています。この提案が，多くの支援を要する子どもたちだけでなく，その周りの全ての子どもたち，そして多くの大人にとって少しでも役立つものになれば幸せです。　　　　　青山　新吾

もくじ

まえがき

第1章　教室の環境整備
1　教室環境の整備原則は？………………………… 10
- 背景要因1　聴覚優位／目と手の協応動作が苦手
- 背景要因2　「情報処理」と「調整／判断力」が弱い

2　座席位置決定の配慮ポイントは？……………… 16
- 背景要因1　易刺激性
- 背景要因2　社会性のつまずき

3　当番活動・係活動の配慮ポイントは？………… 22
- 背景要因1　やる気が起きない
- 背景要因2　友だちとうまく関われない

COLUMN　インクルーシブな教育………………… 28

第2章　コミュニケーション
1　子ども同士の関係づくりのための指導ポイントは？
　………………………………………………………… 32
- 背景要因1　視線が過刺激になり，過敏になる
- 背景要因2　自分の声を聞かれることに緊張する

2　思ったことを直ぐに口に出して表現する子どもへの指導ポイントは？………………………………… 38
- 背景要因1　他者の気持ちを読むことの苦手さ
- 背景要因2　居場所を確保する目的

3　困っても人に頼れない子どもへの指導ポイントは？
　………………………………………………………… 44
- 背景要因1　コミュニケーションミス
- 背景要因2　孤立することへの慣れ

4 ものすごく理屈っぽく，過度の攻撃がある子どもへの指導ポイントは？ 50
- 背景要因1 自分の理屈を通してしまう
- 背景要因2 感情に注目するのが苦手

COLUMN 通級による指導 56

第3章 生活指導・生徒指導

1 特定の子どもや教師への攻撃がある子どもへの指導ポイントは？ 60
- 背景要因1 特定の対象範囲の分析と対応
- 背景要因2 特定の対象差異の分析と対応

2 絶対に謝罪しない子どもへの指導ポイントは？ 66
- 背景要因1 悪いことだと認識していない（納得していない）
- 背景要因2 わかっているけど謝罪できない

3 忘れ物が多かったり，指示等をすぐに忘れてしまう子どもへの指導ポイントは？ 72
- 背景要因1 受容性言語能力の低さ
- 背景要因2 整理整頓が苦手

COLUMN ワーキングメモリ 78

第4章 授業

●指導の基礎技術

1 じっとしておくことが苦手な子どもへの対応ポイントは？ 82
- 背景要因1 集中し続けることが難しい
- 背景要因2 いつの間にか動いてしまう

2 おしゃべりが止められない子どもへの対応ポイントは？ 88
- 背景要因1 イマジネーションの弱さ

もくじ

> 背景要因2　衝動性の強さ

3　固まってしまい，動けない，話せない子どもへの対応ポイントは？ ……94
> 背景要因1　場面緘黙
>
> 背景要因2　知的障害など心理的緊張で固まる

COLUMN　吃音 …… 100

● **学習内容**

1　英単語が覚えられない，英語の学習に苦戦している生徒への対応ポイントは？ …… 102
> 背景要因1　書字の知識と文字操作の弱さ
>
> 背景要因2　英語の音韻認識の弱さ

2　ノート等に写すことが難しい子どもへの対応ポイントは？ …… 108
> 背景要因1　視覚認知が苦手
>
> 背景要因2　ワーキングメモリが少ない

3　説明を聞くだけでは理解しにくい子どもへの対応ポイントは？ …… 114
> 背景要因1　短期記憶やワーキングメモリの弱さがあり，聞き落としが多く，聞きながら考えることがうまくできない
>
> 背景要因2　ワーキングメモリに弱さはないが，注意のコントロール力が弱く聞いた情報を取り入れられない

4　宿題をしてこない，こられない子どもへの対応ポイントは？ …… 120
> 背景要因1　計画的に物事を進めることが難しい
>
> 背景要因2　宿題の量が本人の力や特性と見合っていない

5　入退院を繰り返すなど，学習の積み重ねが難しい子どもへの対応ポイントは？ …… 126
> 背景要因1　長期欠席による学習空白
>
> 背景要因2　経験や体験の不足による自信の喪失

6　見ることが難しく，周囲の情報が認知できない子どもへの対応ポイントは？……………………………… 132
　　背景要因1　座学の場面で，手元や黒板の細かい部分が見えない
　　背景要因2　体育や全校行事の場面で，全体の様子を把握できない
　COLUMN　英語教育とディスレクシア…………………………………… 138

第5章　連携・接続

　1　教科担任等，関連教員間での連携ポイントは？…… 142
　　背景要因1　ビジョンの共有（共通理解）
　　背景要因2　理解をもとにした取り組み（共通実践）
　2　教育支援員等，支援に入る教職員との日常的な連携ポイントは？……………………………………………… 148
　　背景要因1　子どもの理解が揃わない
　　背景要因2　打ち合わせの時間が取れない
　3　特別支援学級の交流及び共同学習における日常的な連携ポイントは？……………………………………… 154
　　背景要因1　連携イメージの共有不足
　　背景要因2　ガイドラインの整備不足
　4　部活動の担当者との連携ポイントは？………………… 160
　　背景要因1　部活動顧問に特別支援教育の視点が弱い
　　背景要因2　顧問が持っているその子の情報が少ない
　5　卒業後の進路を検討するために必要な連携ポイントは？…………………………………………………………… 166
　　背景要因1　その子の成育歴を知らない
　　背景要因2　卒業後の支援を知らない
　COLUMN　院内学級での関わり……………………………………… 172

あとがき

第1章 教室の環境整備

❶ 教室環境の整備原則は？

　学習中，黒板に書いてあることを生かしながら，ノートにまとめを書かなければならない場面がありました。

　Aさんは，黒板と自分のノートを何度も見返しながら，熱心に取り組んでいました。ただ，黒板を見ては，自分のノートに戻るという回数が他の人よりも多いようでした。そのうち，だんだん集中力が途切れてしまい，まとめを書き終える前に鉛筆を置いてしまいました。

　掃除の時間，ある子が「先生，またBさんが遊んでいて，掃除をしません」と訴えてきました。

　確かにBさんの様子を見ると，フラフラしていて，友だちにちょっかいを出しています。Bさんに「どうして掃除をしないの？」と聞くと，「何をしたらいいかわからない」と答えました。他の子たちは，もうすでに当たり前のように掃除に取り組めていたので，この発言に驚きました。

　上学年になると，学校で取り組むことは，できて当たり前だと，教師も周りの子たちも思いがちです。

　しかし，Aさんは，黒板に対して横を向いている座席だったため，「横」を向いて文字情報を得て，「前」を向いてノートに書くという作業が難しかったのです。Bさんは，掃除の仕方をなかなか覚えきることができず，それを確認する環境もなかったので，つい遊んでしまっていたのです。

第1章　教室の環境整備

これだけは知っておこう

背景要因1 ☞ **聴覚優位／目と手の協応動作が苦手**

「横を向いて黒板を見て，前を向いてノートを書く」ということに，負荷がかからない子はもちろんいます。

しかし，視覚よりも聴覚優位の子や，目と手の協応動作が苦手な子にとっては，「横を向いて，前を向く」という，少し不自然な動きが負荷となることがあるのです。そういった子は，ただでさえ黒板の文字を見て，ノートに文字を書くという作業が苦手なのです。集中力が途切れてしまうのは，当然のことなのかもしれません。

背景要因2 ☞ **「情報処理」と「調整／判断力」が弱い**

掃除には，覚えなければならない手順があります。

例えば，教室清掃は，机を下げ，掃き掃除をし，机を戻し，椅子を下ろし，次は拭き掃除……というようにです。

また，周りの人たちと調整したり，自分で判断したりする必要もあります。

例えば，同じ掃き掃除をするメンバーで，どこのエリアを分担するか決めなければなりません。机の拭き掃除は，掃き掃除が終わるまでできないという手順になっていれば，それを待たなければなりません。

こう考えると，毎日繰り返しているからできて当たり前だと考えるのではなく，多くの情報処理，判断などが求められているのが掃除なのです。Bさんが「何をしたらいいかわからない」というのも理解できるのです。

背景要因1 聴覚優位／目と手の協応動作が苦手

集団への指導スキル

point 座席の隊形をフレキシブルに変える

上学年であれば,話し合いを取り入れた学習が多くなります。そのためには,コの字型の座席や,グループ形式での座席にすることは望ましいことです。

そこで,座席の形をフレキシブルに変えます。

例えば,次のような座席の形を「フォーメーション」と名付けて,場面ごとに使い分けていくのです。

| フォーメーションA = グループごとに座る座席 |
| フォーメーションB = 机・椅子が黒板に向く座席 |
| フォーメーションC = テストや習字などのための座席 |

こうした基本的なフォーメーション以外にも,子どもたちには,「必要があれば,その都度座席の形を変えてもOKだよ」と伝えておきます。

point 子どもの見え方を意識する

教室環境には様々なものがありますが,やはり子どもたちにとって,大事な教室環境の一つが「見えるもの」です。視力が低い子への座席の配慮は,どの教室でもよくされていることです。黒板(テレビやモニターも含む)の見え方など,子どもの視線で見えるものを見つめ直したり,子どもの声や様子から困難さを教えてもらったりしながら,よりよい環境を整えていくことが大切です。

第1章　教室の環境整備

(個別の支援スキル)

🎯 枠線カードを用意しておく

　学習の課題やまとめをノートに書く場面では，枠線を使うときが多く，ここでもつまずくことがあります。うまく枠線を描くことができないため，時間がかかったり，ぐちゃぐちゃした枠線を見て，やる気がなくなったりします。

　そこで，ノートに貼れるようにしてある数種類の幅の枠線カードを用意しておきます。いつでも使いたい時に使えるように，所定の場所にストックし，必要があればそこから持って行き，使うようにします。

　Aさんのノートを書いている様子を見て，声をかけてカードを取りに行ってもらったり，カードを直接渡したりして，カードを使って書き，貼ってもらうようにしました。そのうち，自分から取りに行くようになります。

🎯 必要なものを使いやすいように

　「教室にどんなものを置くか」ということは，教室環境を考えるときに，まずはじめに考えることです。ただし，子どもたちと過ごしていく中でも，どんなものがあるとよいかと考え，随時環境を整備していくことが大切です。

　また，それらが「使いやすいように」置かれていることも大切です。例えば，ペンの色がぐちゃぐちゃの状態で置かれていると，使うときに色の選択が上手にできない子が出てきます。教師も，子どもも「使いやすい」状態にすることを意識して，教室の整理整頓を心がけていきます。

背景要因2 「情報処理」と「調整／判断力」が弱い

集団への指導スキル

point 当番活動の流れを確認できるようにしておく

　当番表を以下のように細かく分けて，教室に掲示し，当番活動の内容の「いつ・どこで・だれが・なにを」ということがいつでも確認できるようにしました。

　例えば，掃き掃除もエリアを4つに分けて，自分の担当箇所がはっきりするようにしてあります。Bさんは，当番中，この掲示物を何度も見ることで，自分の担当場所や仕事内容を確認して，取り組むようになっていきました。

point 「見える化」を意識する

　清掃だけではなく，道具の片付け方や体育館の使用割り当て，朝の会の流れなど，学校には，理解しておかなければならないルールや流れ，仕組みなどがたくさんあります。

　上学年だから，これらのことを掲示しておかなくてもよいとするのではなく，いつでも確認できたり，理解や判断のサポートをしたりするために，教室の中に「見える化」しておくのです。そうすることで，どの子にも安心感が生まれます。どんなもの（こと）をどのように「見える化」するのかは，教室環境の大事な視点です。

第1章 教室の環境整備

（個別の支援スキル）

●point 清掃活動が始まる前の動線を確認する

　清掃時間になると，子どもたちは，一斉に動き出して取り組み始めます。Bさんも，周りの子たちに影響され，動き出そうとします。しかし，動き出しても，何をしたらよいかわからず，困ってしまうことが続いています。

　そこで，Bさんが掃除を始めるときに，まず当番表を見て仕事内容を確認し，それから清掃を始めるという動線をもつように関わりました。掃除が始まる前に，Bさんのところに行き，一緒に当番表を見に行くことを何度か繰り返します。それでもわからない場合は，当番中に確認をしに行くようにして，安心して取り組めるようにしました。

●point 動的な環境にも配慮する

　教室環境は，物的環境がもちろん中心になりますが，人の動きも，子どもたちにとっては環境となります。

　例えば，給食の配膳やプリントの受け渡しなどの場面で，子どもたちの動線が学級内で統一されていると，効率よく時間を使えるだけでなく，こだわりの強い子や見通しがないと不安になる子にとって安心できる環境にもなります。

　子どもたちの動きや動線（時には，教師自身の動きや動線も）が子どもたちにとって，どんな動的な環境になっているかをしっかり問い返していきます。

　多様な子どもたちがいる教室の中で，教室環境の整備原則に，ベストはありません。しかし，ベターを目指すことは大事にしていきたいものです。　　　　　　（大野　睦仁）

第**1**章 教室の環境整備

❷座席位置決定の配慮ポイントは？

　Aさんは,授業に集中しきれずにいます。教師の指示を聞き逃すこともしばしばです。授業に集中していたAさんに級友が質問したことで,Aさんの授業への集中が途絶えたこともありました。試験でも,よくケアレスミスをします。Aさんは反省しているようですが,改善が見られません。

　Bさんは,教師の話に耳を傾け,必死に板書をノートに写しています。教師は,Bさんの授業態度を見て,安心しきっています。その後,教師が全体に指示を与えました。しかし,子どもたちが一斉に活動を始める中,Bさんだけがいつまでたっても動き出そうとしません。周囲の子がBさんに気づく様子もありません。結局,教師の方からBさんへ「どうしたの？」と声をかけました。

　このような状況は,その子だけに問題があるのではありません。その子の周囲にいる級友の関わりが,問題を引き起こしたり,複雑にしたりすることもあるのです。教師が事前に子どもの座席位置を決定する際に配慮していれば,未然に防ぐことができたかもしれません。

　そこで,彼らの行動の背景要因として「易刺激性」と「社会性のつまずき」という2点を取り上げ,座席位置を決定する際の配慮事項について,考えてみたいと思います。

これだけは知っておこう

背景要因1 ☞ 易刺激性

　易刺激性とは，目の前の刺激が気になり，これまで取り組んでいた作業や課題に集中して取り組むことができない状態のことをいいます。易刺激性の傾向がある人が注意を持続できないかといえば，必ずしもそうではありません。興味を感じる対象に対しては，むしろ，過剰ともいえる集中力を発揮することもあります。彼らの多くは，いくつかの事柄に注意を分散したり，必要に応じて注意の対象を切り替えたりすることに対して，苦手と感じているのです。

背景要因2 ☞ 社会性のつまずき

　学級には，「友だちとどのように関わればいいかわからない」といった社会性のつまずきを抱えている子が少なくありません。そのような子どもは，わからないことを友だちに聞くことに抵抗を感じていることでしょう。教師がそのことに気づかないまま，何も手を打たずにいると，その子は授業の内容を理解できず，不安な気持ちを高める一方です。そのようにならないためにも，教師はその子が得意としている分野で，「級友の役に立つことができた」という体験を通して，安心感を高めさせていくことが大切です。授業の中で成功体験を積ませることで，子どもは自信を高めていきます。

背景要因1　易刺激性

集団への指導スキル

point 刺激の多い座席を避ける

　授業中に廊下を歩く人の姿や足音が聞こえると，途端にそちらの方に注意が向き，授業に集中できなくなる子がいます。そうした事態を考慮し，校舎の窓をすりガラスにして，余計な刺激を減らす取り組みを行っている学校もあると聞きます。授業とは関係のない刺激量を極力減らし，子どもたちが授業に臨みやすい環境を整えることが大切です。

point 後列の座席を避ける

　後列の座席は前列の座席と比べて，視界に入る情報量が多いです。このことは，後列の座席の方が前列の座席よりも注意を要する環境であるともいえます。この点を踏まえ，注意を持続することが困難な子どもは，できるだけ前列に配置した方がいいでしょう。

point 特性を理解して，子どもを配置する

　些細なことがきっかけとなり，授業中にトラブルを引き起こす子どもはいませんか。もしかしたらそれは，級友の発言が，「気になるあの子」の特性を刺激したからかもしれません。このように，"人"の刺激が，授業の集中を妨げる原因となることがあります。一方，教室には，「気になるあの子」への対応が上手な子がいます。そうした子どもの特性を，教師は早い段階で把握する必要があります。教師と子どもの話し合いで座席を決定している場合，教師はその場に参加して，子ども間の関係把握に努めましょう。

第1章 教室の環境整備

(個別の支援スキル)

作業過程を細分化させる

　課題をできるだけ細分化して提示しても，尚，目の前の課題にどのように対応すればよいかわからず，授業に集中できない子どもがいます。その場合には，「何をすべきか」ゴールを明確にした上で，逆算して，子どもと一緒に作業過程を細分化し，スモールステップで目標をもたせるようにしています。これにより，子どもの不安を和らげ，授業の中で達成感や自信を育んでいきたいと考えるからです。課題を細分化させることは，①「子どものつまずきを把握し，学習状況をアセスメントする」，②「子どものレディネスを揃える」ことを達成する上でも効果を発揮します。

「空白の時間」をつくらない

　「空白の時間」をつくらないことで，子どもが授業中に立ち歩く行為を未然に防ぐことが大切です。私は，授業への集中が困難な子どもに対しては，こちらから発問を投げかけ思考させることで，授業に巻き込んでいくことを心がけています。授業の途中で子ども同士をペアにして，教師の指示内容を確認させることもあります。これは，授業理解がスムーズに行えている子どもとそうでない子どもとの足並みを揃えるためです。また，子どもにプリントの配付を依頼し，意図的に「動」の時間を授業に取り入れることもあります。これは，授業への集中が困難な子どもが気持ちをリセットして，授業へ仕切り直しを図れるようにするためです。「空白の時間」をいかに活用するかが大切です。

背景要因2 社会性のつまずき

集団への指導スキル

point リソースに気づかせる

　リソースとは，その子のもつよさ，持ち味です。人には誰しもよさがあります。しかしながら，社会性のつまずきを感じている子のよさは，子ども同士のつながりが希薄なために，学級の子どもたちに認知されにくい面があります。そこで，私は，日々の出来事を学級通信で取り上げ，発信するようにしています。その子の考えや行為を価値づけ，子どもや保護者に紹介していくのです。すると，その子のよさを学級の子どもたちが理解するようになります。また，そうしたよい考えや行為は，学級に広がっていきます。次第に，お互いの違いやよさを認め合い，助け合う学級風土が醸成されていきます。このように個と集団をつなぎ，子ども一人一人が過ごしやすい環境を整えています。

point 『学び合い』を取り入れてみる

　仲の良い友だちが教えると，「そういうことか！」と一気に解決する瞬間を，私は何度か目撃したことがあります。西川純先生が提唱されている『学び合い』では，子どもが自分の学びに合った仲間とともに学ぶことができます。社会性のつまずきを感じている子どもにとって，学びやすい相手と学ぶことは，質問という行為への心理的な不安を軽減することにもなります。また，『学び合い』を取り入れることで，教師もまた，これまで知ることのなかった子どもの新たな一面を発見することにもつながるでしょう。

個別の支援スキル

point 気持ちを代弁して引き出す

　わからないことを周囲に伝えられず,時間だけが過ぎていくことがあります。そのような場面に出合ったら,私は,「困っているの？　それとも,考えているの？」「ヒントが欲しい？　それとも,自力で考えてみる？」と,その子の気持ちを代弁して引き出すことで,状況把握に努めています。私が直接指導に当たることもありますし,その子と級友をつなげていくこともあります。授業後は,「困っているときは,先生や友だちに助けを求めていいんだよ。あなたの役に立つことができると,皆うれしいんだから」と声をかけます。そうしたことを繰り返し指導する中で,その子の思いを少しずつ表現させて,自信の芽を育んでいます。

point リソースを学級の中で発揮させる

　社会性のつまずきを感じている子には,リソースを発揮させて,その子と級友との関係を体験の中で意図的・計画的に構築させていきましょう。そのためには,教師と子ども,子ども同士の信頼関係,リソースの把握が必要です。安心感のある教室では,子どもはリソースを発揮して,自信を高めていきます。たとえ子どもが失敗したとしても,教師は子どもが挑戦した前向きな姿勢こそを高く評価して,認めることが大切です。

（水流　弘貴）

【参考文献】
・田中博司『スペシャリスト直伝！　通常の学級特別支援教育の極意』明治図書,2015
・岩波明『発達障害』文春新書,2017

❸ 当番活動・係活動の配慮ポイントは？

　4校時の終わりの挨拶をすると，給食当番のはずのAくんは，すぐに席を立ち，教室を出て行ってしまいました。今週は，まだ一度も白衣を着ていません。気づいた担任の先生が，Aくんを追い，「ちゃんと給食当番をやりなさい」と注意しますが，うるせーな，という目を向けます。「どうしてやらないのか」と問うと，「めんどー」と一言つぶやきました。結局，この日もAくんは，白衣を着ることも給食の配膳を手伝うこともありませんでした。

　給食後の掃除の時間。音楽室の当番になっているBさんは，みんなが机を運んでいるのに，一人，棚の上の打楽器を触っています。同じ班の班長から，「Bさん，きちんと仕事をしてください」と注意をされますが，なかなか仕事にとりかかりません。掃除終了後の反省会では，Bさんがいつもきちんとやっていないとみんなから指摘され，そのことが担任の先生に報告されました。

　当番活動や係活動ができないAくんやBさんのような子は，学年が進むにつれてその様子が顕著になってきます。それまでの失敗体験から，自信を喪失し，やる気をなくしてしまっていることが考えられます。また，高学年になると，対人関係が難しくなり，友だちとの関わりのつまずきが，活動に影響していることも考えられます。

これだけは知っておこう

背景要因1 ☞ やる気が起きない

　学校は、同学年の子どもたちが集団で生活する場です。だから、年齢に対して学習、運動、生活などで遅れがある子は、いつも周りの子よりもできない、わからない中で過ごしています。そんな中で、失敗経験や先生からの注意や叱責を積み重ねてきた子どもたちは、次第に自信を失っていきます。「どうせ自分は……」という気持ちから、何事にもやる気をなくしていることが考えられます。

背景要因2 ☞ 友だちとうまく関われない

　自閉症の特徴の一つに、人との関わりが苦手なことが挙げられます。同年代の子どもたちとの関わりがうまくいかず、大人との関わりを求める傾向があります。低学年の頃は、「先生、○○くんが……」と先生を仲介して子ども同士が関わることが多いですが、高学年になると、子どもたちだけの世界が生まれてきます。思春期を迎える頃には、対人関係がより複雑化していきます。こうした状況の下、友だちと関わることが苦手な子が、人と協力しながら行う当番や係のような活動に、参加できなくなっていることが考えられます。

背景要因1 やる気が起きない

集団への指導スキル

point 個別に評価する仕組みをつくる

子どもたちに任せがちになる当番活動・係活動ですが,できるだけ個別に評価ができる仕組みをつくることで,どの子も主体的に活動するようになります。

あるクラスでは,日直の仕事をすると「仕事ポイント」がたまります。掃除当番をしっかりやっている子は,「一級掃除士」と認定されます。月末に係活動の相互評価を行い,活動が認められると表彰されます。

このように実際の社会においても使われているような言葉や制度を使うと,高学年の子どもたちでも意欲的になります。こうした活動は,キャリア教育にもつながるものだと考えます。

point 「みんなのために」の仕掛けをつくる

一人一人のがんばりが,クラス全体への貢献になるような仕掛けをつくります。例えば,当番活動をみんながでいた日は,ビー玉をボトルに入れる,掃除がしっかりできたら,シールを貼るといった仕掛けをクラスに取り入れます。そして,ビー玉やシールが一定数たまったら,お楽しみ会や席替えなどのイベントを行うこととします。

自分の行為が,誰かのためになると,人はよりやる気を出すことができます。そして,自己効力感や自己有用感を高めることにつながります。

個別の支援スキル

★ その子に合わせた目標を設定する

　決まったことをやらされることを嫌う子がいます。もしかすると，みんなと同じようにできないことから逃げているのかもしれません。だから，そういう不安を抱えている子には何ができるか，どこまでできるかを話し合い，本人の意見も聞きながら目標を定めます。そして，その目標に到達していたら，しっかり認め，評価してあげます。小さな承認や成功体験の積み重ねが，その子の自信と意欲の回復につながっていくはずです。

★ 間接的にほめる

　一声かけてあげれば気持ちが上向いた低学年の頃と違い，高学年になると，表面的な関わりでは心が動かなくなり，大人との関わり自体を避けるようにもなります。

　だから，その子のよさやがんばりは，直接本人に伝えるのではなく，その子も聞いているような場面で，周りの子に向けて「最近，Aくんがんばっているよね」などと伝えます。

　自分が直接言われているわけではないので，抵抗感もあまりなく，評価を受け止められることと思います。

　前述のビー玉やシールの仕掛けを使えば，「Bさんががんばっていたので，ビー玉を入れますね」とみんなに向けて伝えることもできます。

背景要因2　友だちとうまく関われない

集団への指導スキル

point 一人一役活動

　当番活動・係活動は，教師の目が届かないところで行われることが多いです。だから，子どもたちの気持ちもゆるみ，友だち同士のトラブルが生じやすくなります。先生が介入すればすぐに防げた問題も，子どもたちだけではかえってこじれていくこともよくあります。

　そこで，仕事を分担する人数を一人ずつに割り振ります。一人一役で仕事を行うわけです。一人で仕事を行えば，対人関係のトラブルは生じにくくなります。自分がやることがはっきりするので，活動もしやすいです。

　よく低学年では，「窓係」「電気係」などのような一人一役での仕事を見かけますが，対人関係が難しくなる高学年で一人一役の方が，どの子も活動しやすくなるのではないかと考えます。

　日直の仕事，給食当番や掃除当番の仕事も，いつも交替制でやるのではなく，発想を切り替えて，一人一人専門の仕事として与えてみると，余計な注意や叱責をしなくてもできるようになっていきます。また，このように自分専門の仕事にすることで，こだわりの強さがある子が，思わぬ力を発揮することも期待できます。

個別の支援スキル

point ソーシャルスキルを育てる

　日々のその子の過ごしやすさのために，友だちと関わる

場面を少なくする一方で，その子の対人関係のスキルも育てていかなければなりません。そのために意図的，計画的に友だちと関わる場面を設定することも必要です。

　そこで，当番活動・係活動を，あえてその子のソーシャルスキルを育てる場と捉えてみます。うまくできないことがあったら，「なぜそうなったか」「その時，どうすればよかったか」などを考えさせ，次の活動で改善させます。継続して同じ活動ができる当番や係の仕事は，力を身につけていくためにはとてもよい機会でもあります。

point 友だち支援を活用する

　当番活動・係活動のように，教師が適宜支援できないときに頼りになるのが，友だち支援です。

　その子の特性を受け止めてくれる子たちに，あらかじめ想定される困難さを伝えておき，上手に関わってくれるように頼んでおきます。周りの子も，先生から頼りにされれば悪い気はせず，自分たちの思いは抑えて，その子と関わってくれます。こうした穏やかな人間関係の中で，その子が友だちと適切に関われる経験を積ませ，対人関係の技能を学ばせていきます。また，周りの子たちがしっかりと支援してくれたときには，その子たちへの感謝も忘れてはいけません。

（田中　博司）

【参考文献】
・榊原洋一『図解よくわかる自閉症』ナツメ社，2008
・榊原洋一『図解よくわかるADHD「注意欠陥多動性障害」』ナツメ社，2008

COLUMN
インクルーシブな教育

「インクルーシブ教育とは何か？」と聞かれれば「障害のある子どもも，ない子どもも共に学ぶ教育だ」と答えることでしょう。それは正しい答えですし，誰もが大切なことだと考えているでしょう。しかし，「一緒にするだけで障害のある子ども一人一人に必要な教育が行えるのか？」と尋ねられたら，みなさんはどう答えるでしょうか。

この問いを巡る議論は長い間なされてきました。特に，国連で「障害者の権利に関する条約」が採択された2006年以降，当事者や保護者も含めて活発な議論が続きました。その結果，2012年，中央教育審議会初等中等教育分科会は「インクルーシブ教育システムの構築」という用語を使って，今後の教育が目指すべき方向性を投げかけました（「共生社会の形成に向けたインクルーシブ教育システム構築のための特別支援教育の推進（報告）」）。

報告では「同じ場で共に学ぶことを追求する」とした上で，「その時点で教育的ニーズに最も的確に応える指導を提供できる，多様で柔軟な仕組みを整備することが重要」とも述べて，通級による指導，特別支援学級や特別支援学校を含めた連続性のある「多様な学びの場」を用意することが必要であるとしています。これを実現するのが「インクルーシブ教育システム」であり，「インクルーシブ教育」という理念的な言葉が示すものとは異なっています。

本書では「インクルーシブな教育」という言葉を使って

います。それは「共に学ぶ教育」と「一人一人に必要な教育」の両方の実現を目指す教育であり、インクルーシブ教育システムの構築と共に実現するものと考えています。

インクルーシブな教育の実現に向けた取り組みは特別なものではなく、日々の教育活動の中に埋め込まれています。

例えば、先生が、「早くできる」ことをほめるとともに「粘り強く取り組める」ことを評価することなどによって、子どもたちに多様な価値観と寛容さが育ちます。その結果、学級に、障害のある子どもも学びやすい環境が整います。

交流及び共同学習で障害のある子どもと学んだ子どもや先生は、「この活動ではこの配慮があれば、あの子と共に学ぶことができる」ことを体験しています。そして、「この活動ができたのだから、これもやってみたい」などと計画し、共に学ぶ機会を増やそうとしているでしょう。

また、就学先決定に関する政令改正（2013年）の趣旨を踏まえ、教育的ニーズの変化によっては、小・中学校に転学することも視野に入れた教育内容や方法を構成する特別支援学校があり、実際に転学する子どもがいます。

インクルーシブな教育は、何をどこまでしたら実現するというものではありませんし、完成形はないかもしれません。しかし、一人一人の先生が、日々「インクルーシブな教育」を意識して試行錯誤を続けることは、教育そのものの質の向上につながります。また、そうした先生の姿を見て育った子どもたちは、インクルーシブな教育の先にある「共生社会」の担い手になることでしょう。（久保山茂樹）

第2章

コミュニケーション

第2章 コミュニケーション

❶子ども同士の関係づくりのための指導ポイントは？

　学級全員で円くなって座り，一人一人の最近感じていることや，考えていることを伝え合い，共有する取り組みがありました。ある時，Ａさんは，この取り組みが苦手だと教えてくれました。
　「あの場にはいたいけれど，みんなからの視線が痛い」
　円くなって聞き合うことで，「みんなに聞いてもらえている」という実感がもてると考えていました。しかし，そのことが逆に居心地の悪い環境になっていたのです。
　朝の会で，ペアになって対話をする時間がありました。手元にある児童名簿のチェック表を見ながら，これまでペアになったことのない子とペアになる場面です。しかし，Ｂさんは，まだペアになれていないのに，自分から言うことができずにいました。それを見ていた周りの子が，「どうして黙っているのかなぁ」という顔をしながら，「Ｂさんが一人だけど，誰か一人の人いない？」と声を出して，ペアを探してくれました。
　多くの子にとって当たり前の感覚でも，ＡさんやＢさんのように，そうではない感覚をもつ子がいること。多くの子にとってできて当たり前のことも，できない子がいること。こうした違いは，子どもたち同士の関係をつくるための壁ではありますが，大きなきっかけにもなるのです。

これだけは知っておこう

背景要因1 ☞ 視線が過刺激になり，過敏になる

　なかなか視線を合わせようとしない子がいます。私たちも，初対面の人とは視線を合わせづらいように，視線というのは，緊張度を高める刺激になることがあります。

　Aさんは，「発表する時も視線は集中するけど，視線の角度が違うので大丈夫だった」と伝えてくれました。しかし，円くなり，同じ高さの視線が一斉に集まる刺激は，Aさんにとっては，過刺激になってしまったのです。それが繰り返され，積み重なっていくことで，「視線が痛い」と感じるほどまで，過敏になってしまっていたのです。

背景要因2 ☞ 自分の声を聞かれることに緊張する

　Bさんは，もともと大人しい感じの子で，自分のことを積極的に話すタイプではありません。しかし，自分が困っている場面でさえ，自分のことを伝えられずにいました。話す内容よりも，音としての自分の声がみんなに聞かれてしまうことに，過度の緊張をしてしまうようでした。

　人前で話をするとき，恥ずかしくなったり，緊張したりすることは，確かに多くの人にもあることです。しかも，Bさんと同じような状況の中では，自分から声を出すことに抵抗を感じることはあります。ただ，長い間一緒に過ごしてきた集団で，学級集団ほどの人数の中でも，声を出せないほどに緊張してしまうというのは，自分の出す音（声）を聞かれることに対して，過度の緊張があったのです。

背景要因1 視線が過刺激になり，過敏になる

集団への指導スキル

point 理解することは理解されること

　子どもたちは，自分と違うところがある他者との関係をつくることに，抵抗感を示します。この「視線が痛い」という感覚も，学級の子どもたちにとっては思いもしない感覚であり，自分たちとの大きな違いです。子どもたちがこの違いを受け入れていける指導がまず必要になります。

　そのためには，この違いを理解することが大切です。Ａさんの了承を得て，学級のみんなに，Ａさんが抱えている苦しさを伝えることにしました（Ａさんの保護者への確認も，忘れずに行います）。

　子どもたちに，次のように伝えます。

> 　Ａさんのように，教室にいる自分とは違う感覚をもつ友だちのことを教室のみんなが理解する，理解しようとしていること。それは，もし自分にも，友だちとは違う感覚や状況があったとしても，自分のことも，学級のみんなに理解してもらえるという安心感や見通しにつながるはずです。だから，理解することを大切にしてほしいのです。

　「理解することは理解されること」なのです。こうした安心感や見通しが，子どもたち同士の関係づくりの第一歩になっていきます。

第2章 コミュニケーション

(個別の支援スキル)
子どもたち自身が教室の中の多様性を理解する

「理解すること」が大切だと知った子どもたちは，Aさんの気持ちをさらに理解する必要があると考えました。Aさんは，できればあのような場にいたくないと思っているのか。それとも，視線は痛いけれど，あの場にはいたいのか。Aさんは，「あの場にはいたい」という気持ちを伝えてくれました。

その気持ちを受けて，子どもたちは，Aさんのためにアイデアを出し合いました。

> ① Aさんは，椅子に座って参加する。
> ② Aさんが話す時は，あまり見ないようにする。
> ③ あんまり言いたくない気分の時は，誰にパスをしてもよしとする。
> ④ Aさんだけじゃなく，他の人でも，困ったことがあれば，こっそりでもいいから伝える。

合理的配慮は，基本的に支援者が行います。

しかし，子どもたち自身が教室の中の多様性を理解し，合理的配慮まで考えることができると，豊かな関わりが生まれてきます。Aさんにとっても，安心感が高まります。集団の力は大きいのです。子どもたちだけで考えることが難しい状況も，もちろんあります。しかし，このように考える場をつくっていこうとすることが大切なのです。

背景要因2 自分の声を聞かれることに緊張する

集団への指導スキル

point 「関わり過ぎ」と「関わられ過ぎ」に留意する

　子どもたち同士の関係づくりを考えると、教師だけではなく、周りの子たちも、Bさんが困っていることに気づき、関わっていくことがとても大切です。Bさんも、周りの友だちから支えられるようになって、安心して対話に取り組めるようになりました。

　しかし、留意しなければならないことがあります。子どもたち同士の関係をつくることがゴールではなく、子どもたち同士の関係をつくることで、Bさんを含めた学級の子どもたちが安心して生活できたり、成長できたりすることがゴールなのです。

　① Bさんに関わり過ぎてしまい、Bさんが力をつけたり、経験を重ねたりする機会を奪っていないか。
　② Bさんの中に、いつも支えてもらっていることに対して、マイナスの感情がないか。

　例えば、Bさんは、ペアぐらいの人数であれば声を出して、話をすることができます。ペアをつくるために、周りの子たちが全部お膳立てをするのではなく、Bさんも周りの子たちも、みんなが成長できる支え方について、時々振り返るようにします。また、Bさんの気持ちは、定期的に教えてもらうようにします。時には、保護者とも連絡を取り合いながら、Bさんが「関わられ過ぎ」になって、それが負担になっていないかを確認することが大切です。

第2章　コミュニケーション

個別の支援スキル

個別の支援は，関係づくりのモデルである

　対話がある日は，朝のうちに，児童名簿のチェック表をもとに，まだ対話をしていない友だちをBさんと確認するようにしました。そうすることで，少しでも見通しをもち，安心して対話の場にいられると考えたからです。

　ただ，もっとBさんに関わり，ペアも事前に組んでしまった方が効率的だし，Bさんも，もしかしたら，その方が安心するのかもしれません。

　しかし，Bさんの場合は，そこまでせず，対話の時間が始まったら，少しでも自分から動き出して（声を出して）ペアをつくろうとすることを願ったのです。そして，困っている様子があれば，周りの子たちがそれに気づき，支えることができるように願ったのです。

　ここで意識していることは，次の3つです。

①　Bさんがまずは安心して活動に取り組めること
②　Bさんもがんばれる余地があること
③　周りの子たちの成長にもつながるものであること

　支援については，事前にBさんや，Bさんの保護者としっかり確認し，Bさんの負担にならないようにします。必要があれば，学級全体にも伝えます。

　Bさんのような子のことをどう理解し，どう関わって，フラットに関係をつくっていけばいいのか。個別の支援は困難を抱えた子も含めた，子どもたち同士の関係づくりの具体的なモデルになるのです。

（大野　睦仁）

第2章 コミュニケーション

❷ 思ったことを直ぐに口に出して表現する子どもへの指導ポイントは？

　休み時間，Aさんが顔を真っ赤にして息荒く，友だちと激しく言い合いをしています。二人を離して落ち着かせた後で事情を聞くと，Aさんが突然「廊下走ってた。ルール違反！」と，指を指してきたのに対して，友だちが「うるさいな」と言い返したところから始まったとのことでした。別の日には，髪を切ってきた友だちに対して「変な頭になった」と言って怒らせてしまいました。そんなことが続き，クラスの仲間はAさんから距離を置くようになっています。

　Bさんの言葉は教室の中でとても目立ちます。友だち同士のおしゃべりでは「それバカだ」「キモい」「ムカつくわ」と激しい言葉が続きます。授業中には「めんどくさ」「こんなのつまんねえ」という声がはっきり聞こえます。Bさんの強い言葉の影響か，教室は常にどこか不安な雰囲気が漂っています。

　小学校の高学年になってくると，教師との関係よりも仲間との関係の重要性が増してきます。そんな中でAさんやBさんのような，人の気持ちや周りの状況を考えない言動のある子は孤立しやすくなります。彼らの言葉の背景要因として，「他者の気持ちを読むことの苦手さ」「居場所を確保する目的」という2点を取り上げ，彼らが人とのつながりの中で生きていくための支援を考えてみましょう。

これだけは知っておこう

背景要因1 ☞ 他者の気持ちを読むことの苦手さ

相手の気持ちを考えずに傷つくようなことを平気で言ってしまったり，時と場にそぐわないことをはっきりと発言してしまったりする言動の背景には，自閉症スペクトラムの存在が考えられます。自閉症スペクトラムの特徴として，人の気持ちを理解したり想像したりすること，場の雰囲気や空気を読むことへの困難さがあります。例え話や冗談が理解できなかったり，強いこだわりをもっていたりするといった面もあります。悪気なく口にしてしまう言葉ですが，本人にも周りにも生活上の支障をきたすことが多く，支援の必要な個性であると言えます。

背景要因2 ☞ 居場所を確保する目的

アドラー心理学では，人の最も基本的な欲求は所属欲求でありその目的をもって人は行動すると考えられています。そこから，子どもたちは集団の中で居場所を確保するという目的をもって行動しているということが見えてきます。思いを直ぐに口に出す子どもは，その行為によって教室に居場所を見出そうとしていると言えるでしょう。発した言葉によって仲間からの注目を得ているのです。適切な方法で居場所を見出すよう勇気づけることが手立ての方向性となります。

背景要因1　他者の気持ちを読むことの苦手さ

集団への指導スキル

point　クラスへの説明と協力の要請

　Aさんが人の気持ちやその場の空気を読むことが苦手で，悪気なく不快な言葉を発してしまうことがあること，そのことで本人も困っておりなんとかしたいと思っていることを説明します。そして，Aさんに関わるときに気をつけてほしいことを伝え，協力を要請します。実態に応じて事前に本人，保護者と相談する機会をもてるとよいです。

　大事なことは，子どもたちとの信頼関係を築くことにコストをかけ，日常的に一人一人を承認する言葉かけをしていくことです。また，傷つく言葉を言われた子どもに対しての協力への感謝，心のケアも忘れずに行いましょう。

point　違いを前提に認め合う，安心感のある雰囲気づくり

　人は皆同じであるという前提に立っていると，少しでも異質なものを排除したり敬遠したり，同じでないことに苦しさを感じたりする雰囲気が生まれます。そこで，人は違って当たり前で，ものの見方や考え方は人それぞれであることを確かめ合う機会をもてるとよいでしょう。だまし絵を使って見え方の違いを確かめ合う活動はインパクトがあり効果的です。

　さらに，日常的に互いのよさをカードに書いて交換したり，いいところみつけの活動をしたりするなどの活動を通して子ども同士のつながりをつくっていくとよいでしょう。

第2章 コミュニケーション

個別の支援スキル

言ってはいけない言葉を確かめ合う

　他者の気持ちや表情，その場の空気を読むことが苦手な子どもは，これまでにもどんな言葉を言ってはいけないかを指導されてきているでしょう。しかし，依然として口にしてしまっているのであれば何度でも簡潔かつ丁寧に教えて確認する必要があります。強く叱責するのは逆効果です。常に味方であることを示しながら，シンプルにどんな言葉が人を嫌な気持ちにさせるから言ってはいけないかを伝えます。教えたら生活の中で試し，小さな進歩を大いに認め，失敗してしまったら改めて言葉を確認して相手への謝罪を行うというサイクルを積み重ねていきます。

活躍の場を設定する

　人の気持ちや空気を読むことが苦手な子は，これまでに繰り返し叱責されたり仲間に非難されたりして自信をなくしている場合が少なくありません。低い自己肯定感は学校生活へのやる気を低下させ，状況を悪化させてしまいます。

　そこで，その子が集団の中で活躍できる場面を設けます。こだわりの強い子は，ある分野への膨大な知識をもっていたり，楽器を驚くほど上手に演奏したり，細部まで忠実に再現した絵を描いたりと興味あることへの強さをもっています。それを係活動やクラスのイベントなどで生かせるようにしてみましょう。また，日頃から意識的にその子のよいところを取り上げてクラス全体に知らせていくとよいでしょう。

背景要因2　居場所を確保する目的

集団への指導スキル

point 言葉の力の授業

　思い通りにならなかったり不快に感じたりしたときに口にしてしまう「バカ」「ウザい」「消えろ」などの侵害的な言葉は，教室からなくしたい，という価値観を全体で共有するために授業を行います。言われて嫌だった言葉，うれしかった言葉を出し合い，全員で声に出して読み上げ，感じたことを分かち合います。そして，どちらの言葉をクラスに増やし，どちらの言葉をクラスからなくしたいかを全員で確かめ合います。自分が言われているつもりで声に出し，実際に感じてみること，大勢のなくしたいという意見に直面することは，Bさんのような子にとって大きな意味があるでしょう。

point 互いの存在を認め合う，安心感のある雰囲気づくり

　不適切な行為や言葉ではなく，クラスや仲間への協力や貢献といった行動に注目し合う関係づくりを進めます。互いに感謝の気持ちを伝え合ったり，いいところをカードに書いて伝え合ったりする活動を日常的に行います。掲示板や学級通信を活用して望ましい行為を可視化し全体に広げていくのもよいでしょう。

　教師が率先して子どもたちのよさや貢献に注目し，「ありがとう」を伝えていくことも大切です。

個別の支援スキル

point 行為の結末を考えさせる

　感情を吐き出す言葉でクラスから注目を得ている子と話す機会をもち，今の言葉や態度を続けていたらこの先どうなるかという問いを投げかけて考えさせます。気をつけたいのは，教師との良好な関係が築けていないとうまくいかないということです。信頼関係が前提となります。

　そして，どうなりたいかを尋ね，そのためにどうしたらよいかを一緒に考えて，実行していきます。

point スケーリングで振り返る

　目標に近づいているかどうかを適宜振り返る機会をもちます。その際，理想の自分を10，全くダメな状態を0として今いくつくらいかというスケーリングの質問をします。そして，その得点を1点でも上げるためにどうするかを考えてもらい行動目標とします。1点上がった自分はどんな自分か，周りの仲間は何と言うかということを考えさせてもいいでしょう。

point 例外に注目し勇気づける

　学校にいる間中，暴言を吐いている子はいません。また，時には思いやりのある言葉を口にする瞬間があるかもしれません。そんな不適切でない例外の場面に注目し，大いに認めるようにします。　　　　　　　　　　　　（生方　　直）

【参考文献】
・竹内吉和『発達障害と向き合う』幻冬舎ルネッサンス，2012
・赤坂真二『先生のためのアドラー心理学』ほんの森出版，2010

第2章 コミュニケーション

❸困っても人に頼れない子どもへの指導ポイントは？

　Aさんはとても控えめな性格です。交友関係はあまり広くありません。クラスの友だちが明るく声をかけてくれても，関わりが多くない子であれば，その子に冷たい態度で接します。また，教師の質問には，必要最低限のことだけは答えてくれますが，あまり目を合わせません。教師との人間関係ができてくると，用事がない時でもAさんから話しかけてくれます。親しい教師が，声をかけてくれた友だちに対するそっけない態度はよくないとAさんに伝えると，「何と答えていいのかがわからない」と言っていました。自分の気持ちの伝え方に困っているのかもしれません。

　Bくんは，クラスの友だちの不満を教師に言うことが多いです。しかし本当に友だちのことを嫌っているのではありません。Bくんの話を聞いていて，「クラスのみんなのことをよく観察しているなぁ〜」と感じることが多いからです。本当は，みんなと関わりたいのではないかと思っていました。ある日，朝からBくんの様子がいつもと違います。仲良しのCくんと険悪なムードです。話を聞くと，前日Cくんとけんかをしたそうです。そして，「もう二度とCくんとは関わりたくない」と言っています。お互いに誤解していることもあるだろうから，ちゃんと話をすることをすすめても，「どうでもいい」と言います。Bくんは自

分の殻に閉じこもってしまいました。

これだけは知っておこう

背景要因1 ☞ コミュニケーションミス

　友だち同士の普段のさりげない問いかけに，すぐに答えられずそっけない返答をしてしまう子がいます。言葉でのコミュニケーションでは，多くの情報が省略され，抽象化されてしまいます。そのため，聞き手は，自らの経験や体験に照らして情報を補わなくてはならず，ここにコミュニケーションミスが起きる原因があります。コミュニケーションミスを防ぐためには，省略された情報を取り戻し，抽象化された情報を明確にする必要があります。その手段として「質問」と「確認」という手段は有効です。

背景要因2 ☞ 孤立することへの慣れ

　家族や親しい教師とは，明るく関われます。親しい人へは自分の気持ちを伝えられます。しかし，学校で「嫌だ」「怖い」と感じることがあると，気持ちの負担を軽くするために，「関わらない」という選択をしてしまいます。この選択が，行動の基盤として定着している場合，人と折り合いをつける経験が不足してしまい，それに伴って，極端にストレス耐性が低くなってしまい，自ら孤立することを選んでしまいます。

背景要因1 コミュニケーションミス

集団への指導スキル

point 表情をよく見る

自分の感情をすべて伝えてしまうことは良くないことですが，伝えるべき感情もあります。不安な気持ちやさみしい気持ちは，遠慮なく伝えられる感情ではありませんが，一人で抱え込んでいては，とても苦しくなってしまいます。人に頼れない子どもたちは，不安やさみしさを抱え込んでしまうことがあります。しかし，表情に一つも表れないことはありません。クラスの子どもたちには，表情を読み取ることの大切さを日頃から伝え，特に不安やさみしさを抱いている子には，「5つのかける」を大切にしようと伝えます。

point 5つのかける

一つ目のかけるは，「目をかける」です。気になる表情をした友だちがいた場合，まずは目をかけます。二つ目のかけるは，「気をかける」です。気になる友だちをずっと見つめていることはできなくても，あの子は大丈夫かなぁと気をかけます。三つ目のかけるは，「声をかける」です。このかけるが，少しハードルの高いことかもしれません。四つ目のかけるは，「時間をかける」です。声をかけた後，不安やさみしさを解決するために何かできないかについて，一緒に過ごす時間をかけます。五つ目のかけるは，「願いをかける」です。困ったときにいつでも時間をかけられるとは限りません。声をかけられないタイミングもあります。

第2章　コミュニケーション

そんなときには，がんばってほしい，乗り越えてほしいという願いをかけます。それができるクラスにしようと子どもたちには語ります。

個別の支援スキル

手紙を書いて文字で伝える

私がAさんを担任していた時，Aさんが自分の気持ちを伝える言葉を間違えていたり，Aさんに伝えた言葉が伝わっていないことがありました。決して，Aさんが感情的になって言っているのではないことや，いい加減な聞き方をしているのではないことはわかっていました。ただ，授業中にAさんが困っていることをそのままにしていることや，声をかけてくれた子への冷たい反応について，どうしてもわかってほしいことがありました。これを今まで通り，話し言葉で伝えると同じ失敗が繰り返されるのではないかと心配だったので，私が伝えたいことを手紙に書きました。すると，話し言葉で伝えるよりも書き言葉の方がはるかに思いが伝わりました。

「質問」と「確認」

コミュニケーションミスが起きている場合，「わからなければ，聞けばいいのに」「困っていたら助けてもらえばいいのに」などの抽象的な伝え方をするのではなく，理解したことを確認するための「質問」をしたり，今までの理解を具体的に「確認」したりすることが大切です。自分が何に困っているかを明らかにする一つの方法です。伝えたことが伝わっていない可能性があると考えておくべきです。

背景要因2 孤立することへの慣れ

集団への指導スキル

point 一人も見捨てないことは「徳」でなく「得」

　困ったとき，人に頼れない理由として，「もうこれ以上関わりたくない」と他者から孤立しようとする考え方で，自ら人に頼れない状況をつくり出してしまうことを解消するには，その子のクラスの力が必要です。毎時間の授業で，授業の課題を一人も見捨てず全員が達成することを，クラス全員に本気で求めます。一人も見捨てないことが人として「徳」なのではなく，自分自身が「得」であることを語ります。一人も見捨てないことをクラス全員が目指すと，他者から孤立しようとする子の心を動かせる子が現れます。

point 課題の工夫

　上越教育大学の西川純教授が提唱する『学び合い』の考え方で授業を行うと，「次の計算をしなさい」という課題ではなく，「次の計算をどのようにするのかをクラスの３人に説明して，その説明に納得してもらえたらサインをもらいなさい」という課題にすることがあります。そして，この課題を一人も見捨てずに全員達成できることを目指します。つまり，自ら孤立しようとする子もサインをもらうために動き出さなければいけません。それはその子にとって，心が動き出すきっかけになります。

point 複数の教師で関わり，情報交換する

　自ら孤立している子に，教師が一人で向き合い続けることは大変です。その理由は，教師としてやれることはやっ

第2章 コミュニケーション

ているのに，結果がなかなか出ないからです。やれること
はやったのだから，仕方ないかもしれないと，諦めてしま
いそうになるかもしれません。そんなときに，その子の話
を一緒にできる教師が何人かいると，とても前向きな気持
ちになれます。孤立モードになってしまう子に関わる場合，
教師はチームで関わりましょう。

個別の支援スキル

ノンバーバルコミュニケーション

　孤立モードの子には，気持ちが前向きになるよう声を直
接かけてしまいたくなります。「もうそろそろ気持ちを切
り替えてやらないといけない」「授業はしっかりとがんば
ろう」と。しかし，直接声をかけるという方法以外にも，
気持ちを前向きにできる方法はあります。それは，アイコ
ンタクトなどのノンバーバルコミュニケーションを使う方
法です。ノンバーバルコミュニケーションは，言葉では伝
えられないことが伝えられます。言葉で「応援している」
と伝えるより，離れていても目を合わせてうなずく方が，
応援していることは伝わります。

ハイタッチ

　私がBくんを担任していた時，よくハイタッチをしてい
ました。孤立モードの時にハイタッチをすることで，自分
の殻から飛び出すきっかけにもなりました。　（福島　哲也）

【参考文献】
・梅本和比己『面白いほどよくわかる！ＮＬＰの本』西東社，2011
・杉山登志郎編著『アスペルガー症候群と高機能自閉症　青年期の
　社会性のために』学研，2005

第2章 コミュニケーション

❹ ものすごく理屈っぽく，過度の攻撃がある子どもへの指導ポイントは？

　Aくんは社会科の授業が大好きです。こだわりが強く，修学旅行の自主研修でも多くのグループが渋谷や上野を中心に行く中で，「絶対に○○神社」と譲りません。

　また，中学校3年生の公民で「自由権」について学ぶと，「学校にずっといなければいけないのは『奴隷的拘束』ではないか」と食ってかかります。周りが興味がなさそうでもお構いなしです。

　数学では「2次方程式の解の公式」を暗記するように言うと，「そんなの意味がない」と激しく抵抗します。ただ，担当の先生が「じゃあ解の公式を導き出してみて」と言うと驚くほどの集中力でやってのけました。

　そのAくん。掃除の場面でも持ち前の論理性を発揮します。「手順が効率的ではない」「掃除をしてもどうせ汚れる」など，ほとんど言いがかりではありますが，自分の理屈に合わないからとゴネてやらないのです。

　どちらも彼にとっては「自分が正しい」と胸を張って言えることなのかもしれません。しかし，教員や周りの生徒からは「からまれている」「邪魔されている」と言われてしまいます……。「自分の理屈を通してしまう」「感情に注目するのが苦手」という2点から，彼への支援を考えていきたいと思います。

これだけは知っておこう

彼は診断は受けてはいませんが，ASD（アスペルガー症候群）の傾向が認められます。簡単にいうと，「対人関係が不器用でこだわりが強い」という特徴です。

背景要因1 ☞ 自分の理屈を通してしまう

原因よりも目的に注目する「アドラー心理学」の考え方をもとにすると，彼の行動は「注目を集めたい」という気持ちの表れかもしれません。また，本人にとっては「自分が正しい，周りがおかしい」のですから「とことん通すべきだ」となっています。それなのになぜ自分が「変」という扱いを受けるのか，不当に感じ，戸惑っていることもあります。メタ認知ができていない状況ともいえるでしょう。

背景要因2 ☞ 感情に注目するのが苦手

感情というのは論理性に欠け，説明がつかないものです。論理性で押し通すタイプの人は，あまり感情に注目しません。先ほどの掃除を例にとると，「自分がめんどくさい」「やりたくない」ということは彼の口からはあまり出てこないのです。自分の感情に注目しないのですから，他人の感情も当然注目しません。視覚的にハッキリとわかる状態になっていればよいのですが，暗黙の了解などは伝わりにくいのです。

背景要因 1 自分の理屈を通してしまう

集団への指導スキル

point 周りからの声かけに頼る

アドラー心理学によれば，「所属欲求」は「生存欲求」より高いとされています。また，究極のことをいうと，生徒は，「教師とつながれない」ことには耐えられても，「周りの生徒とつながれない」ことには耐えられないのではないでしょうか。ですから，教師の言うことが通らないときには，周りの生徒からも同じことを言ってもらいましょう。級友相手だと理屈をこねるわけにもいかず，意外とすんなりといくものです。

point 一人のペースに巻き込まれない集団づくり

反抗的・挑戦的な行動をする生徒が出たときに，「止める側」の生徒以外には，①面白がってあおる生徒，②「我関せず」と無視する生徒，③ただ見ている生徒の3種類がいると思います。①を減らし，②や③の生徒たちが「止める側」に移るように集団をつくっていきたいものです。

point 一人一役＋横のつながりを用意する

上記を念頭に置いたシステムをつくる場合，授業でも，係・当番活動の時間帯でも，以下の2つの視点が大切です。

① 一人一役を徹底し，自分の役割をハッキリさせ，やった・やらないを可視化する（ネームカードの移動などで全員に見える化する）。

② 授業では『学び合い』，係・当番ではリーダー生徒のチェックシステムを導入する。

第2章　コミュニケーション

個別の支援スキル

🐦 同じ土俵に乗らない

　不適切な行動に注目することをやめます。はじめにやんわりと注意してもダメなときは，そこにとらわれず，しばらく無視します。理屈をぶつけてきた際には一通り傾聴し，最後に「で，どうする？」と自己決定させることが大切です。理屈で返してしまったらお互いに熱くなるだけです。

🐦 「特殊任務」を与え，ほめる

　適切な行動をしたときにはしっかり注目し，すかさずそれを認めます。ただし，大げさにほめるのはかえって逆効果になるときがあるので注意が必要です。その生徒の特性を生かせるような「特殊任務」を与え，達成してもらうのが，本人の自己肯定感を上げ，周りの評価も上がるのでよいと感じています。

🐦 声かけはする（機械的に何度も）

　何かこだわりのある行動が出てしまったときに，「またいつものやつがきたな」ぐらいの気持ちで淡々と注意できたらよいです。何も言わないと「それをやっても許されるんだ」というヒドゥン・カリキュラムが周りの生徒に働いてしまい，学級が崩れる原因となってしまいます。

🐦 ラインを越えたらきっちり指導する

　「自分のペースでやってよい時間」と「人のペースに合わせる時間」を明確にして，そこを適宜確認しておき，間違えたときにはきちんと指導が必要です。ラインがぶれなければ，少しずつ伝わっていきます。

背景要因2　感情に注目するのが苦手

集団への指導スキル

🐦 流れを構造化，可視化する

　冒頭に出てきたAくんのような生徒も，下図のように掃除の手順を可視化した掲示物があれば，作業にとりかかりやすくなります。授業中においても最初に50分間の流れを板書しておくなどの工夫をすると，Aくんだけでなく，すべての生徒にとって見通しがもちやすくなります。

黒板＆ゴミ捨て

🐦 「配慮」が「排除」にならないようにする

　土台となる学級集団が育っていない状態で「あの子は○○が苦手だからみんな理解してあげよう」というような指導を行うと，「配慮」が「排除」になってしまいかねません。簡単なことではありませんが，自閉症スペクトラムについて，「誰もが苦手なことがある中でその強弱があるだけ」ということを説明し，生徒全員が理解している状態を目指したいです。「ちょっと変」なところがある生徒を「個性的で自分の意見をきちんと持っていて面白い」と感じられるような余裕のある態度を，まずは担任がもてるかどうか。我々教員の理解と，メンタルヘルスが非常に重要です。

個別の支援スキル

🐦 プラスの関わりを意図的にもつ

　人の気持ちがわからず，何かと叱られてしまうことが多

い生徒です。だからこそ，**プラスの関わり＞マイナスの関わり**となるようにしたいものです。趣味の話などができればベストです。1つ叱った後は，2つほめたり，楽しい話題にしたりするよう意識しましょう。

🐦point 「できない」と「やらない」を見極める

例えば，人を傷つけるような発言をした際に相手の気持ちを察することが「できない」という能力不足が問題の場合があります。反面，本当は相手の気持ちがわかっているのに，それを「やらない」で，わざと相手を傷つけるという場合もあります。その両者のどちらなのか，我々は見極めていかなければいけません。

🐦point 将来を見据えて育てる

上記のようなときに周りの理解を育てるだけでは，本人が社会に出てから困ることになります。セルフモニタリングをさせ，メタ認知力を伸ばすことが必要です。その日の気持ちについて振り返る日記をつける。SST（ソーシャルスキルトレーニング）として写真から感情を読む訓練を積むなどの具体的対応が必要かと思います。ノウハウがない場合は，外部機関の力を借りることも視野に入れていきましょう。
（河内　大）

【参考文献】
・品川裕香『気になる子がわくわく育つ授業』小学館，2009
・品川裕香『輝きMAX！すべての子どもが伸びる特別支援教育』金子書房，2007
・赤坂真二『先生のためのアドラー心理学』ほんの森出版，2010
・西川純『資質・能力を最大限に引き出す！『学び合い』の手引きアクティブな授業づくり改革編』明治図書，2016

COLUMN
通級による指導

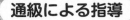

　公立中学校の通級指導教室の設置校数は，690校（平成28年5月1日付）です。これは，全中学校の約7.2％にすぎません。多くの中学校の教員が通級指導教室についてあまり知らないのは当然です。ちなみに，小学校の設置校数は3,814校（約19％）です。決して多い数ではありませんが，通級指導教室を利用している小学校の先生は，「継続して指導が受けられる場所があれば」と思われることでしょう。ただ，数が少ないだけに，小学校卒業を一つの区切りとして指導がなされている場合もあるので，中学入学後も継続して指導を受ける子どもが少ないようです。

▶思春期と通級指導

　小学校高学年から中学校の思春期の子どもたちは，友だちとの関係を重視する時期にいます。他者との違いを気にしすぎる時期です。そのため，通級による指導を受けさせたいと保護者や教師が望んでも，授業中に自分だけ別の動きをすることに抵抗を感じて，本人が指導を拒むケースもあります。そんなときは，本人の気持ちをまずは優先してください。ただ，通級指導教室の存在は伝えてください。「自分の困り感をわかってくれる人がいる」「助けてくれる場所がある」と知るだけでも，その子にとっては大きな力になります。そして，本人が自らの意思で通級による指導を求めたとき，安心して指導が受けられるように環境を整えてあげてください。

▶ 保護者と通級指導

　子どもに関わる教師の数が多いのが中学校の特徴です。そのため、保護者は、誰に、何を言えばよいのか悩むことがあるようです。進路の話も通級担当者は早い時期からしています。中学入学早々、「みんなと同じように高校に行けるのか」と心配だけが先走っていることもあります。毎年代わる担任と違い、通級担当者は在校中の3年間を共にすることもあります。保護者にとって通級担当者は、担任以外に話ができる学校の窓口の一つになるのです。担任と保護者をつなぐ、そんな役割も通級担当者にはあります。あくまでもその子の主たる指導者は担任です。情報を共有しなら、共に子どもの成長を応援していきましょう。

▶ 当たり前の存在としての通級指導教室

　「何人の指導をしているかじゃない。その一人が、『指導を受けたい』と言ったときに利用できる場があることが大切なのだ」これは、担当になったばかりで、教室運営に迷っていた時に、ある先生がかけてくれた言葉です。

　平成30（2018）年度からは高等学校でも通級指導が始まります。これまで、進学先で支援が受けられないために、学校に適応できなかった子、学びに苦戦している子がたくさんいました。今後は、継続して支援が受けられる環境が広がるようです。そして、通級指導教室が、保健室のようにどの学校にもあり、「ちょっと行ってくる」と気軽に利用できる場になることを願っています。　　　（前田　恵理）

第3章

生活指導・生徒指導

第3章 生活指導・生徒指導

❶ 特定の子どもや教師への攻撃がある子どもへの指導ポイントは？

　どこのクラスにも，特定の子どもや教師に対して攻撃的になる子どもは存在します。これに対し，目に見える現象だけを追い，その場限りの対症療法的な指導をしていては根本解決に至りません。教師としては，まずはその行為の背景を探る必要があります。

　Aくんはもともと放任的な家庭で育ちました。末っ子であることも起因しているようですが，自分の思うとおりにならないと，その当事者に対して言葉遣いが荒くなったり，暴力的になったりする傾向があります。はじめは自分より力が弱い友だちに対して，次に止めに入った女子に対して，さらに正義感の強い男子に対して，果ては担任教師に対してまで言葉遣いが荒く，攻撃的に振る舞うようになってきました。

　こうした場合，全体の前で指導することは逆効果となることはあっても，決していい方向には進まないことを心得なければなりません。特に，無意識のうちに教師としての威厳を示しがちな若手教師においては，怒鳴るなど力ずくでやめさせる傾向にあります。目には目を，怒鳴りには怒鳴りをといった方法で対処しようとすると，どこまでいっても解決には至りません。

これだけは知っておこう

背景要因1 ☞ 特定の対象範囲の分析と対応

　攻撃的な子どもに対して，怒鳴るなど力ずくでやめさせた次の段階として衆人環視に晒して指導しがちです。この場合，その場では収まったとしても，Ａくんの中では面倒くさくなることを避けるために，ただただみんなの前で叱られないようにすればいいという認識に至り，結果，その場しのぎの落ち着いたフリをしがちになります。

　こうしたＡくんが行為に至る陰に隠れた背景こそ，何を差し置いても探る必要があります。それを探るためには教師とＡくんの関係性をまずは分析しなければならないでしょう。例えば，攻撃的な行動は特定の教師に対してだけに出るのか，それとも親も含めて広く大人に対しても出るのかという特定の対象範囲の分析は必須と考えます。

背景要因2 ☞ 特定の対象差異の分析と対応

　次いで，Ａくんの攻撃的な行動は大人と子どもとの間に差があるのかどうかという分析も欠かせません。教師はＡくんと１対１の対応となりがちで，しかも力の差も歴然としています。しかし，同級の子どもとは力に大差はなく，そのうえ学級という集団が背後に存在するわけですから，おのずとＡくんの攻撃的な行動には微妙な差異や変化が見出せることになるでしょう。この場合，性別の差や年齢の差などあらゆる対象差異の分析を心がけ，攻撃的な行動の微妙な変化を読み取る目や耳をもちたいものです。

背景要因1　特定の対象範囲の分析と対応

集団への指導スキル

point 指導における言動を一貫する

　Aくんが攻撃的な行動をとる背景として，攻撃の対象との関係性を探ったとき，Aくんが理解できなかったり，納得できなかったりする要素にたどり着くはずです。Aくんの育ちや発達に起因することも当然考えなければなりませんが，まずは教師自身が，Aくんはもちろんクラスの子どもたち全員に対して一貫した言動のもとに指導できているかをチェックする必要があるでしょう。

　例えば，「何回，同じことを教えたらわかるの？　よく聞きなさい！」と指導するのと，「１回目教えたことが伝わらなかったみたいだから，２回目は言い方を変えて同じことを教えるよ！」と言うのでは，明らかに後者の指導の方がAくんでなくとも子どもたち全員の耳に入りやすいことでしょう。また，言葉で指導しようとも簡単に理解できないことは，いくら言葉を易しく変えて指導したとしても理解の浅さはそれほど変わらないはずです。こうした場合，教師が行動で模範を見せ，さらには手取り足取りで具体的な行動を促し，それができたらほめることを繰り返した方が機能するはずです。なぜなら，子どもにとっては聴覚的に理解できなかったことが，視覚的に訴えられることで理解でき，深く納得し，しかも行動をほめられることで自信へと導かれるからです。このように，聴覚優位と視覚優位の特性に応じて指導に変化が求められることとなります。

第3章 生活指導・生徒指導

【個別の支援スキル】
 ロールプレイを仕掛ける

　Ａくんを特別扱いせず，クラス全般の指導において教師の言動を一貫する。そうした姿勢を継続することで，クラス集団からの信頼が高まり，結果，担任教師にはおのずとＡくんからの信頼も寄せられることになるでしょう。ただし，それで満足していてはいけません。特定の担任教師に限らず，親をはじめとした広く大人全般に対してＡくんの不信感が宿り，それがもとで攻撃的な行動に結びついている可能性があるとしたら，さらにその一歩上を目指す必要があります。この場合，その不信感を少なくとも「大人って，案外信じられるのかもしれないな」とか「大人は偉ぶってばかりかと思っていたけど，意外と大変なのかもしれないな」などというように，小さな共感へと導くことから変えていきたいものです。

　一つの方法としては，ロールプレイ（役割演技）が挙げられます。学活の時間などを使って，Ａくんと仲が良い子を攻撃的な行動に走る子ども役に当て，Ａくんをその親役に当てます。そして，期末懇談を想定し，親役のＡくんが我が子の攻撃的な行動に悩んで担任の先生に相談する場面をロールプレイするわけです。先生役も最初はクラスの子どもがいいでしょう。もちろん，この三者はそれぞれの役回りをローテーションしてロールプレイすることがポイントです。これにより，攻撃的な子どもをめぐって，その親や教師がいかに大変かが実感できることでしょう。

背景要因2 **特定の対象差異の分析と対応**

集団への指導スキル

point 取り巻く環境に笑いをもたらす

　教師がAくんの攻撃的な行動の要因を探り，行動の是非を理解させたとしても，Aくんを取り巻くクラス全員がフォロー体制を築かなければ，Aくんの認識が変わらないままになってしまいます。認識が変わらなければAくんの行動も変わらず，やがてAくんはクラスの中で孤立した存在となってしまうでしょう。結果，教師側も自信がなくなり，指導そのものが揺らぐことになってしまう可能性があります。

　Aくんを取り巻く集団に働きかけるには，Aくんの攻撃的な行動の被害を，怒りから笑いに変えてしまいたいものです。例えば，Aくんに攻撃的な行動が見られたとき，「いつもみんなを笑わせて面白いAくんが，今日はちょっとイタズラごんぎつねの目になっちゃってるよ！」などと教師がユーモアで対応します。そうすると「イタズラごん，栗を持ってこないと許さないよ」とか「ごんちゃん，兵十が悲しむよ」などと子どもたちも口にするようになるでしょう。こうなれば，クラスの集団もAくんの攻撃を些細なイタズラと見なすようになり，笑いとともに明るい雰囲気で対応できるはずです。もちろん，そこで過度ないじりやいじめへの芽を摘むことは担任教師が絶対に心がけなければならないことです。周囲のやりすぎにより，Aくんが逆にふて腐れてしまっては本末転倒になりかねません。

第3章 生活指導・生徒指導

個別の支援スキル
アンガーマネジメントを伝える

　一般に，小学校低学年では攻撃性が強かった性質も，学年が上がるにつれ徐々に落ち着いてくる傾向にあります。保護者からするとそれを改善傾向と見なし（あるいはそう信じたい気持ちがいっぱいで），教師の実態把握や現状分析，今後の課題といった話を受け入れなくなる傾向も見られがちです。となれば，今度は保護者との関係づくりが求められるわけです。

　例えば，PTA懇談会などにおいて，アンガーマネジメント（怒りのコントロール）についての話題を取り上げます。親子関係に悩んでいる家庭は，この原理を知るだけで余裕をもって我が子に接することができるようになるはずです。「怒りがこみ上がってきた時，6秒間じっと心の中で数えましょう」という技術を保護者に理解してもらえば，それぞれの家庭において子どもたちによい効果を与えるべく機能することでしょう。たとえ，Aくんの保護者がPTA懇談会に参加していなかったとしても，Aくんを取り巻く学級集団に機能することで価値につながるはずです。もちろん，学級活動などの時間を使って，子どもたちに「6秒間のアンガーマネジメント」を教えて体感させればよいのです。そしてその様子を学級通信などで各家庭に伝えれば，全体のものにつながっていくことでしょう。こうした地道な働きかけを継続することにより，攻撃的な行動への対応法が浸透するはずです。　　　　　（山下　幸）

❷ 絶対に謝罪しない子どもへの指導ポイントは？

　給食の準備が始まりました。今日の給食は，Aくんの大好きな「イカの天ぷら」です。配膳の列に静かに並んでいたAくんは，自分の番が来ると，突然「イカの天ぷら」を２つ取っていきます。給食当番のBくんが，「A，イカは１人１個で！」と叫びますが，Aくんは「だって，イカ好きなんだもん」と返そうとしません。怒ったBくんが「返せ！」と怒鳴ると，Aくんは「うるせー！」とトレイの上に乗っていた牛乳パックをBくんに向けて投げつけます。黒板に当たった牛乳パックが破裂して，辺りは牛乳まみれ。クラスのみんなは「Aが牛乳を投げた」と大騒ぎです。Aくんは，そのまま教室を飛び出しました。担任が慌てて後を追いかけますが，Aくんは「みんなで俺をバカにして！」と泣き叫ぶばかりです。

　Aくんにも非があると思われるにもかかわらず，トラブルの原因と思われるAくんが怒り，トラブルを解決しにくい場面ってありませんか。

　その背景要因として，
①悪いことだと認識していない（納得していない）
②わかっているけど謝罪できない
の２つの面から考えていきたいと思います。

これだけは知っておこう

背景要因1 ☞ 悪いことだと認識していない（納得していない）

　自閉症スペクトラムが見られる子どもたちは，暗黙のルールや常識などの理解が難しいといわれています。場の空気を読むことも苦手なため，相手を傷つける行為や言動をしてしまったり，自己中心的だと周りに誤解されやすかったりします。また，自分には悪意がないため，「みんなが騒ぐから怒ったんだ」というように，周りの子どもたちが悪いように考えやすいのです。相手にも原因があって，自分が嫌な思いをしたと感じているときは，自分から先に謝罪するのは難しいことでしょう。このような場合に，「なんで謝らないんだ！」などと一方的に叱っても通じません。

　自分や相手を傷つける言動が見られたときには，やってはいけないこと，やらなければいけないことなどを，具体的にわかりやすく示していくことが大切です。

背景要因2 ☞ わかっているけど謝罪できない

　やった行動が悪いことだと理解はしているのだけれど，子どもなりにトラブルや失敗があったことに対してショックを受けていて，謝罪という行動に移しにくい場合もあります。悪いことだとわかってはいるけれど，気まずくて謝罪できない子どももいるでしょう。また，勝ち負けにこだわりやすく，謝罪することは負けだと感じてしまう子どももいます。このような場合，子どもの気持ちに共感しながら，細かいスモールステップを意識した指導が必要です。

背景要因1 悪いことだと認識していない（納得していない）

集団への指導スキル

point Aくんを理解した周囲の言動

　Aくんを受け入れるクラス運営が基盤なのは言うまでもありません。しかし，その基盤がないクラスでは，「Aはいつも自分勝手だよな」という意識を抱えている子もいるはずです。高学年女子ともなると，Aくんとの関わりを避ける子も出てくるでしょう。反対に，クラスの子どもたちがAくんとともに長く過ごし，担任が普段からAくんの特性をよく理解した言動を積み重ねているクラスでは，「A，イカは好きだろうけど，1人1個になってるからね」と，配膳前や配膳中に優しい声かけが出てきます。もちろんAくんだけを意識するのではありませんが，学校生活すべての面で，担任がトラブルを未然に防止するようなわかりやすい言動をモデルとして示していくことが大切です。

point 友だちサポートブック

　Aくんや保護者の了解をとって，次頁のようなサポートブックを利用することも考えられます。「勝手なことをしていたり，迷惑をかけることをしていたりしたら，優しくわかるように注意してほしい」「何度言っても聞かない時は，先生に言ってください」「注意だけでなく，『○○をしてね』というようにわかりやすく教えてください」といった内容をAくんと一緒に考えてクラスに伝えると，よりわかりやすくなります。

第3章　生活指導・生徒指導

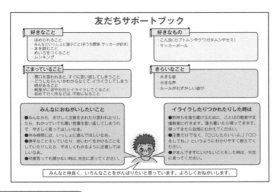

個別の支援スキル

🐳 受け止める

　まず，子どもの気持ちを受け止めることが大切です。なぜそんな行動に出てしまったのか，行動の裏の感情をしっかりと受け止めることで，子どもは自分の行動を客観的に見ることができるようになってきます。

🐳 ソーシャルスキルトレーニングを重ねる

　効果的なのが，子どもがつまずいた場面を，名前を変えてストーリーにする方法です。「どこで失敗したのか・どうすればよかったのか」などをストーリーを通して考えさせます。すると，子どもは比較的簡単に失敗した場面を見つけます。ただし，解決方法はＡくんにはなかなか思いつきません。「相手に文句を言う・給食を食べない」といった不適切な行動を考えがちです。そこで，「担任の先生に言う・トレイを置いてから話をする」といった様々な解決策を考えさせたり教えたりします。場面を絵に描いたり，ロールプレイしたりするのも有効です。その中で，相手を

傷つけたり，迷惑をかけてしまったりした場合には，謝罪が関係を和らげることに触れるのもよいでしょう。指導を通して，その子どもが気づいていない，人との関わり方をアドバイスしていく積み重ねが必要です。

背景要因2 わかっているけど謝罪できない

集団への指導スキル

point 「ありがとう」「すみません」があふれるクラス

普段から，教室内に「ありがとう・ごめんなさい・すみません」があふれるようにしたいものです。相手を大切にした言葉を意識して多く使っていくのです。悪いことをしたときだけでなく，「すみません。そこの雑巾を取ってくれる？」というように，感謝の気持ちを表す意味で使うといいでしょう。すると「ごめんなさい・すみません」という言葉に抵抗がなくなり，すっと出てくるようになります。

point 待てるクラス

担任は，全体の場で，個人に謝罪させるような指導をしてはいけません。一歩間違えれば，Aくんが悪者のような雰囲気ができあがり，それが積み重なると，Aくんへの口撃が激しくなったり，担任にAくんへの不満が寄せられたりするようになります。指導は個別支援です。謝りたいけどなかなか素直になれない経験は，多くの子どもがもっています。その意識をクラス全体で共有し，謝罪まで待てる基盤をつくるのも担任の大きな役目です。

個別の支援スキル

謝罪まで時間がかかったり，言葉に出して謝罪できなかったりする場合もあるでしょうが，「トラブルをなしにするのではない」という姿勢を教師が絶えず示しながら，謝罪するチャンスを探っていく必要があります。実際に謝罪に至るまでには，スモールステップも大切です。

point ステップ1：教師と一緒に謝罪する

子どもと一緒にトラブルになった相手のところに行き，教師や保護者が子どもの気持ちを代弁し，子どもに謝る姿を見せるのです。子どもと一緒に謝罪する体験をすることに意義があります。このときに，「これから，どうすればいいかな？」と自分の行動を振り返らせることも大切です。

point ステップ2：まず「ごめんなさい」だけ言う

教師や保護者が子どもの気持ちを代弁し，謝罪をするときに，「ごめんなさい」だけは一緒に言うようにします。「『ごめんなさい』を言うと相手が怒らなくなるよ」「『ごめんなさい』を言うと，気持ちがスッキリするよ」といったプラスの声かけも大切です。

point ステップ3：一人で謝罪する

ここまでくると，善悪の判断や，自分の気持ちが整理でき，相手の思いを推察する・自分の気持ちを表現するといった力がつき始めています。そこを丁寧に受け止めながら，教師や保護者が側について一歩を踏み出させましょう。

（中嶋　敦）

第3章 生活指導・生徒指導

❸忘れ物が多かったり,指示等をすぐに忘れてしまう子どもへの指導ポイントは？

「先生,国語の教科書を忘れました」
「あら,そう。それでどうするの？」
「……」
「忘れた事実の報告も大事だけど,今日の授業を教科書なしでどうするかを考えて報告することはもっと大事だよ」
「…………」

 授業前,Aくんと毎日のようにやりとりする会話です。対策として,ある時こう切り返してみました。

「『先生,国語の教科書を忘れました』以外の別な表現で,たまには報告しにきてみてはどうかな？」
「先生,…………」
「君の教科書はどこへ逃げていったんだろうね？ 家に帰ったら追いかけてみてはどうだろう？」
「先生,教科書に足は生えていないと思います」

 不毛なやりとりに見えるかもしれませんが,こうしたやりとりを通じて人間関係を育むことが,彼のコミュニケーション能力に寄与しているかなとも思っています。

 さて,どこのクラスにも忘れ物が多かったり,指示をすぐに忘れてしまう子どもたちは存在します。教師としては,まずはその行為の背景を探る必要があります。

第3章　生活指導・生徒指導

これだけは知っておこう

背景要因1 ☞ 受容性言語能力の低さ

「受容性言語能力」とは、話し言葉を理解する能力のことです。話し言葉を表現する能力である「表出性言語能力」と対になって考えられています。通常は受容性言語能力を土台にして表出性言語能力が発達していくようですが、非定型な発達の子では、受容性と表出性の言語バランスが不均衡になりがちです。相手の話を理解するのが、自分でしゃべるよりも苦手というのがこのパターンといえます。この特質を踏まえると、忘れ物が多かったり、指示等をすぐに忘れてしまう子どもの要因が見えてくることでしょう。

背景要因2 ☞ 整理整頓が苦手

物の管理ができない子どもは整理整頓が苦手なタイプが多いようです。かくいう私もプリントの整理ができず、職員室の机上はいつも大変なことになっています。ただ、自分の中ではどこに何があるかをたいてい把握できています。では何が問題かといえば、不要な物を捨てられずに取っておくという点なのです。性格的には忘れ物は少なく、逆に不要なプリントまで取っておいて安心するタイプです。これはこれで効率が悪いのですが、忘れ物が多い子どももある意味似たような面があるかもしれません。いずれのプリントも大事だと思い込んで、抱え込んでいるうちに訳がわからなくなる要素も考えられます。こうした場合、優先順位をつけることで解決に導けるかもしれません。

> **背景要因 1** 受容性言語能力の低さ

集団への指導スキル

point 割り切ることと絞ることでひきつける

　そもそも，子どもたちは教師の話をどれぐらい真剣に聞いているのでしょうか。「一を聞いて十を知る」という諺がありますが，私からすると「十聞いても一しか残らない」というのが教師の話のように思います。これは子どもの聞き方が悪いだけではなく，教師の話し方に問題がある場合が少なくありません。厳しい言い方かもしれませんが自戒の念を込めて，教師はそれぐらいの意識をもつべきだと声を大にして言いたいと思います。つまり，子どもたちの話の聞き方を指摘する前に，教師自身の話し方に関してもう少し自己点検が必要なのではないでしょうか。

　例えば教師であるあなたは，目の前にいる子どもたちの感情や興奮を共有し，ささやかな情動を見取れていますか。またあなたは，子どもたちがわくわくするような場面を日常的につくり出し，子ども各々の表現欲求に応えることができていますか。子どもたちは一人一人がそれぞれ違う多様性を保持しています。その多様性の中で，教師が万人に見合うような興味・関心をひきつける話し方をするのは非常に困難が伴うものです。であれば，教師にはある種の割り切りと，ある種の捨象の意識が必要となってきます。ただ漫然と子どもに話すのではなく，伝えたいテーマを一つに絞って話したり，同じテーマでも切り口を変えながら語って聞かせたりすることも必要ではないでしょうか。

第3章　生活指導・生徒指導

個別の支援スキル
視覚と聴覚の優位性に応じる

　ワーキングメモリとは「作動記憶」「短期記憶」とも呼ばれるもので，数秒から数十秒くらいのわずかな時間，見たことや聞いたことを一時的に記憶しておく，いわばメモ的な記憶といえます。視覚的ワーキングメモリや聴覚的ワーキングメモリが代表的なものですが，感覚のモードごとに分化されており，人によってそれぞれの優位性は異なります。

　Aくんの例でいえば，前日の教科連絡を見落としたり，聞き落としたり，あるいはその両方と考えられます。視覚的ワーキングメモリが弱い子の場合，そもそも書き写す作業が苦手であることが多いようです。板書をノートへ視写することはもちろん，読書をしても内容が頭に残りにくいため，話を聞いた方が理解しやすいようです。また，聴覚的ワーキングメモリが弱い子の場合は聞き取りが苦手であることが多く，説明中心の講義的な授業よりも図や映像を用いたり，具体的な作業や実験をさせたりする方が，とっつきやすく機能するはずです。目で活字を追いながら，自分で勉強した方が頭に入る場合もあるようです。

　社会に出てからは視覚と聴覚双方のワーキングメモリが求められますが，義務教育段階においてはそれぞれの優位性を担保しながら得意な方を伸ばし，苦手な部分を鍛える活動が求められます。まずは視写や聴写という，どの授業でも取り入れられる活動から始めていきたいものです。

背景要因2　整理整頓が苦手

集団への指導スキル

point　整理整頓をシステム化する

　忘れ物が多かったり，整理ができなかったりする人にはたいてい整理整頓に対する強い苦手意識があるように思います。その主たる原因は，自分で整理整頓のルールをつくれないことではないでしょうか。

　例えば，子どもたちの机の中を見ると，教科書やノートがきちっと整理されている子もいれば，グチャグチャな子もいます。後者の場合はたいてい机の配置も乱雑。配られるプリント類も散在。提出するプリントが折れたり，曲がったり，紛失したりといったことも頻繁に起こります。

　私は机の整頓を目的として，教室の床に印を付けます。そして，この印に沿って机の脚を合わせるよう子どもたちに指示します。また，机の中や教室のロッカーに入れるものはもちろん，その入れ方も統一します。これらは小学生であっても，中学生であっても必要なルールだと思っています。なぜなら，整理整頓のはじめの一歩と考えるからです。

　同じように，ノートの記名の仕方やノートの書き方，プリント類もその持参の仕方から提出の仕方，戻された時の綴じ方まですべてシステム化して統一します。例えば，プリント類は提出日がわかるようにマーキングさせ，クリアフォルダに入れて家庭持参，翌日の朝の会終了後に座席列の後ろから回して回収（個人情報に配慮が必要なプリントは裏面にして回収）などと徹底してシステム化するわけです。

第3章　生活指導・生徒指導

個別の支援スキル

フォローし合える関係をつくる

　前項で述べたように，徹底的に事細かくシステム化した後はクラス内でのフォローが必要です。なぜなら，忘れ物なしを100％完璧にさせることに力を注ぐよりも，100％にならない場合のフォロー体制を築くことの方がはるかに有益と考えます。教師の自己満足のみで子どもたちを動かすのではなく，子どもたち自身が自主・自立の姿勢で動けるようになることを優先すべきだからです。

　では，どのようにフォロー体制を築くべきでしょうか。それは先頭に立って引っ張っていく「さきがけリーダー」ではなく，後ろからしっかりみんなを支えている「しんがりリーダー」を見出し，存在を価値づけることです。

　例えば，Ａくんに対する違和感はクラスでは周知の事実です。これを教師がことさら頭ごなしに叱りつけても，Ａくんはその都度叱られないように取り繕うことのみに終始することでしょう。それよりも，Ａくんの存在を認め，励まし，フォローしてくれる「しんがりリーダー」の存在をＡくんに知らせ，困ったときはそのリーダーの指示に従うことを教えてあげればいいのです。そうして，Ａくんが確かな自信をもち，クラスの中で輝ける存在になることで，「しんがりリーダー」はもちろん，クラス全員が役割を果たしている実感を得られることでしょう。　　（山下　　幸）

【参考文献】
・岡田尊司『子どものための発達トレーニング』PHP新書，2017

COLUMN
ワーキングメモリ

　ワーキングメモリとは「情報を一時的に覚えておきながら，目的に合わせて取り出し，考える働き」のことです。

　教室の子どもたちも，このワーキングメモリを活用して授業を受けていますが，目や耳から入った情報を一時的に記憶する器の容量や，それらの情報を目的に合わせて取り出し，考える力には個人差があります。

　授業に集中できず，全く関係のないことに気がそれたり，隣の子とおしゃべりをしてしまう子どもがいますが，彼らには「今は何をするための時間なのか」という授業の目的を覚えておくこと自体が困難なのです。

　子ども固有のワーキングメモリが適正に補強されれば，彼らも「目的」を思い出し，学びに集中できます。

　ワーキングメモリを司る機能は，額の後ろの部分，脳の前頭葉にあります。ワーキングメモリの4つの側面とは，以下のようなものです。

▶①　**言語的短期記憶**

　言葉や数などの音声情報を覚えておく働き。

→（弱いと）教師の指示をすぐに忘れてしまう。

→九九が覚えられないなど。

▶②　**言語性ワーキングメモリ**

　言葉や数などの音声情報を処理しながら保持する働き。

→作文や日記などが書けない。

→文章を読んで，意味を理解することができないなど。

▶③　視空間的短期記憶

　形や位置などの視空間情報を覚えておく働き。

→黒板の字や図をノートに書き写すことが苦手である。

→整理整頓ができないなど。

▶④　視空間性ワーキングメモリ

　形や位置などの視空間情報を処理しながら保持する働き。

→読み飛ばしがある。

→数字の桁を間違えて計算するなど。

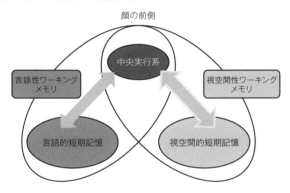

ワーキングメモリのモデル図

　脳の大事な働きには，ワーキングメモリとともに「長期記憶」があります。すでに知っている記憶で，直ぐに消えてなくなるワーキングメモリの働きとは違い，これは考えなくても常に取り出せる，脳に負荷のかからない記憶です。ワーキングメモリに弱さがある子どもへの学習支援や生活支援には，この長期記憶の活用が鍵となります。　　（西　幸代）

【参考文献】
・湯澤正通・湯澤美紀・河村暁編著『ワーキングメモリと特別な支援』北大路書房，2013

第4章 授業

第4章 授業
指導の基礎技術

❶ じっとしておくことが苦手な子どもへの対応ポイントは？

　Aくんは，授業が始まると，椅子をバタンバタンさせます。その後，席を離れ自分の好きな友だちの側に行っておしゃべりを始めます。「席に着きましょう」という声かけも伝わらず，先生が側に行き「座りましょう」と促すと逃げていきます。追いかけると「近づくな」「触るな」「うるさいくそばばあ」と暴言が始まります。また，教室の掃除箱に上ったり入ったり，授業中に前の黒板に落書きを始めたりもします。このような状況の中，友だちからたくさん注意され，他の教師から監視されるようになります。

　Aくんは，毎日教師から怒鳴られ，注意され，多くの友だちや教師から認められず冷たい態度をとられるという環境に身を置きたいと思っているのでしょうか。本当はその逆なのではないでしょうか。よく考えてみてください。

　上記のような言葉や行動は，Aくんのつらさ，悲鳴ではないでしょうか。「落ち着きたいけど落ち着けない」のだとしたら上記のようなやりとりは苦痛でしかありません。みんな一律を望むルールを守ることができない自分への混乱なのかもしれません。混乱の中で認められない自分のSOSなのかもしれません。このような「落ち着きたいけど落ち着けない」背景に，①集中し続けることの難しさ②いつの間にか動いてしまうということが考えられます。

これだけは知っておこう

　授業中に落ち着かず，離席があるような子どもたちは個性的な考え方や感じ方をもっているのかもしれません。

背景要因1 ☞ 集中し続けることが難しい

　「さあ授業がんばるぞ！」と，意識して授業に臨んでも，すぐに「教室の掲示物に意識が向く」「先生の着ている洋服が気になる」「外の工事の音が気になる」「隣の友だちの文房具が気になる」というように，自分の意図していないことに意識が向いてしまいます。毎回がんばろうと考えていても授業に集中できず，真面目に取り組んでいないように周りから受け止められ，注意され続けることで，苦しさやどうしていいかわからない自分への混乱が生じます。

背景要因2 ☞ いつの間にか動いてしまう

　座っていると手や足がもじもじして動き出します。物があればそれを触り出します。座って授業を受けるような場面でも，どうしても立ちたくなり，歩き回り，自分の好きな友だちのところに話しかけに行ってしまいます。それだけではなく，棚や掃除箱に上ったりもしてしまうのです。みんなが座って授業を受けている状況でも，話しかけたり，離席したりしてしまうので，先生から何度も注意を受けてしまいます。先生の繰り返しの注意がラベルとなり，周りの友だちからも何度も注意され，つらくなっていきます。

背景要因1 集中し続けることが難しい

集団への指導スキル

point ガイドしてくれる子どもを隣の席へ

　Aくんは話を聞いているようで，聞いていないことがあります。そんな時に「今〜をする時間だよ」「これはここに片づけるんだよ」と優しく伝えられるBさんやCさんを隣の席や同じグループにします。B・CさんのAくんへの温かな接し方をほめたり認めたりすることで，周りの子どもたちもAくんへの適切な接し方を学んでいきます。

point 集中を妨げるものを減らす

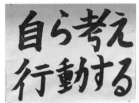
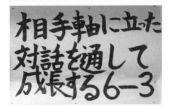

文字だけの学級目標

　黒板の上には「カラフルな学級目標」，その右横には「発表の仕方」，左横には「聞き方」。このように色彩的にも刺激が強く，あまり使用しないような掲示物は極力なくします。学級目標を前方に掲示するのであればシンプル・淡い色が望ましいです。「発表の仕方」「聞き方」などは，必要な授業や場面のときに掲示できるようにします。常時掲示するものはできるだけ減らし，シンプルにすることで集中力を高められるようにします。

第4章 授業

個別の支援スキル

見通しと指示を明確に

　指示は要点を短い言葉ではっきりと伝えるようにします。同時の指示は少なめに，一指示一行動にします。その際，視覚的な手掛かりを一緒に提示すると理解が進みます。

　話を聞き終えるまで待てない子どもたちのために，事前にいくつ話をするか項目数を伝えます（今から3つのことについて話をします。1つ目に～。2つ目に～。3つ目に～。最後まで聞いてくれてありがとう）。または，「時計の針が～分にきたら話をやめますね」と終わりを告知します。このように，見通しをもたせることで，最後まで話を聞くことができるようになります。

授業中に活躍の場をつくる

　苦手としている教科では，教材配付係に任命し，離席を認めたり，授業始めと終わりの号令を任せたりすることが大切です。仕事を任せる場合は頻繁に担当を替えず，習慣にすることで子どももやり遂げることができるようになります。できることは任せることが大切です。

片付けの順序と置き場所を視覚的に指定する

　片付けの順序を机の中に貼ります。「教室に入る→ランドセルを開ける→荷物を入れる」このようなことができるのであれば，それから先の「何を」「どのように」「どこに」片づけるのかを視覚的にわかるように示しておきます。スモールステップで一つずつ確実に行うことが大切です。

背景要因2 いつの間にか動いてしまう

【集団への指導スキル】

point 本人なりの懸命な姿であることを伝える

　離席があるクラスの仲間を，周りの子はなかなか認めようとはしません。ここで大切になるのが，「今の姿が本人の懸命な静止の姿である」ということを教師が伝えることです。「それぞれに苦手さがあり，助け合いながら生きている」という語りを行いながら，教師自らが全員の違いを認め，失敗を次への成長と承認する姿を示し続ける。これが支持的風土となり，その子を包むことになります。

point 瞬時にほめ称え，望ましい行動を強化する

　けんかやトラブルが起こることもあるでしょう。そのときに大きく興奮し，暴れ，人に危害が及んだり，自分を傷つけたりしてしまう可能性もあります。そのときは，静かで，物の少ない部屋を準備しましょう。その部屋で，落ち着くのを見守ります。落ち着いたら「何があったのか」「どうしてほしいのか」を尋ねます。話を聞いた後に，「今度から，人に嫌なことを言われたり，されたりしたら先生に言いにおいで」ということを伝え，約束します。その後，言いに来た時，瞬時に大きくほめ称えます。「相手を叩いたり，蹴ったりするのではなく，よく先生に言いに来ることができたね。先生うれしい!!」と大喜びします。ほめ言葉はタイミングが大切です。「すぐに」を意識しましょう。

第4章 授業

個別の支援スキル

学びの習慣化（動く環境をつくる）

体を動かす場面をつくります。例えば，国語の時間に意見交流をするとき，班だけでなく，全員が離席し，様々な人と交流できるような状況をつくります。「このような時間が必ずある」という習慣が子どもの安心感と「できる」につながり，自信となっていきます。

自分の体をマッサージする

授業に入る前に「落ち着かなくなったら，まずは手のマッサージをします。次に太ももです」というように，物を触るのではなく，自分の体と会話することで落ち着く状況をつくり，自分で落ち着く方法を認知させます。

スモールステップの目標を常に評価する

授業中の行動目標を設定します（例：離席するときは先生に伝える。勝手に離席しない等）。その後，席を離れたら指定されたスペースで過ごすことを認めます。できれば教室後方か前方にフリースペースを準備し，つい立てで周りの視界を遮ることが望ましいです。必ず各ステップで称賛します。例えば，離席の報告があれば「よく約束守れたね。先生うれしいよ」と常に励ましの言葉をかけたり，シールを渡すなど行動へのフィードバックが必要になります。大切なのは，活動に対する瞬時の称賛です。（福岡市教諭）

【参考文献】
・森孝一編著『ADHD サポートガイド　わかりやすい指導のコツ』明治図書，2002
・森孝一『LD・ADHD・高機能自閉症　就学＆学習支援』明治図書，2003

第4章 授業
指導の基礎技術

❷ おしゃべりが止められない子どもへの対応ポイントは？

　ピーポー，ピーポー。

　教室の外から救急車のサイレンが聞こえます。それを聞いたAさんは，突然，興奮して話し出します。

「あっ！　救急車だ，救急車。私，救急車に乗ったことあるよ」

「救急車って速いよ。他の車がみんな避けてくれるよ」

　Aさんは，授業中にもかかわらず，救急車のサイレンに反応し，自分の過去の体験を隣の子にずっと話しています。いくら隣の子が嫌がっても，いっこうにおしゃべりが止む気配はありません。

　また，Bさんは，教師が問題を提示したとたんに，

「先生，その答えわかるよ。最小公倍数は18でしょ」

と，答えを言ってしまいます。その後もなぜそう考えたのかを永遠に説明し続けます。

　このように，一度話し出すと，自らのおしゃべりをなかなか止められない子どもがいます。

　そこで，「イマジネーションの弱さ」と「衝動性の強さ」という視点から，おしゃべりが止まらない子どもの背景要因を読み解いてみます。

これだけは知っておこう

クラスの中には，何かが見えたり，聞こえたり，頭に思いが浮かんだりすると，時と場所に関係なく，衝動的に話し出す子どもがいます。

また，一旦話し始めると，「相手が嫌がっている」ことが伝わらず，おしゃべりを止める必要性を感じることができない子どももいます。

表に見える事象だけを追うと，すぐにでも厳しく指導したくなりますが，そこは冷静になり，隠れた背景要因を探ってあげることが大切です。

前述した2つの背景要因について説明します。

背景要因1 ☞ イマジネーションの弱さ

表出されない人の感情や考え，言葉にされない文脈などを捉えることが苦手な状態をいいます。

このために相手の感情や周囲の状況に合わせた行動がとりにくいことがあります。

背景要因2 ☞ 衝動性の強さ

自分の置かれた周囲の状況を正確に把握することができず，だしぬけに行動してしまうような特性をいいます。場に見合わない言動をしてしまい，周囲に混乱を招く結果につながることがあります。

背景要因1 イマジネーションの弱さ

集団への指導スキル

　おしゃべりが止まらない子どもたちは，表情や相づちなどから相手の思惑を察するのが難しく，自分が相手に不快な思いをさせていることを理解できないままでいます。まず，ここの理解を全体に求めます。その上で，困ったときの具体的な対応方法をクラス全体に示し，共有化します。

point 相手にお願いする形の伝達方法を教える

　おしゃべりが続いて止まないときは，すぐに怒らず，「君の話も聞きたいけど，今は先生の話を聞きたいんだよね」というように，まずは自分の困り感を本人に伝えます。

　それでも止まないときは，「今は授業中だから，話を終わりにしてもらっていいかな？」といった具合に，どうしてほしいかをお願いします。

　断るときの言い方にも気を配るようクラスに指導します。

　例えば，同じ言葉でも，それを強く言うとどうなるでしょう。自分の本意が伝わらず，相手には「怒られた」と捉えられます。すると感情を逆撫ですることになり，思わぬトラブルへと発展することになります。

　逆に，優しい口調で言うとどうでしょう。相手が冷静に受け取ってくれ，「おしゃべりを止めてほしい」という本来の目的が達成されます。

　ペアになり，強い口調で言われたときと，優しい口調で言われたときの感じ方の違いを実際に体験させてみるのもよいでしょう。

第4章 授業

(個別の支援スキル)

相手の表情から思惑を察することが苦手な子どもには,相手のどんな表情が,どんな意味を表すのかを伝えたり,自らの反省ポイントを考えさせたりすることが必要です。

絵やカードなど視覚情報を与えて考えさせる

A, B, Cの3種類のカードを用意します。Aはにっこり笑っている顔のイラスト。Bは悲しんでいる顔。Cは怒っている顔です。

そして,「授業中にあなたが学習に関係ないことをずっとしゃべっていたとします。そのとき,相手はどんな顔をするか選んでみて」というふうに,相手の表情を3つのカードから選ばせます。そして,そのカードが表す意味を教えます。同時にどんな行動をとればいいのかも具体的に教えます。

その他にも,おしゃべりが続いたことで相手がどんな表情や行動をしたかを本人に語らせ,教師が時系列に絵に描き,それをもとに,自分のどんな行為が相手にどんな影響を及ぼしたかについて振り返らせる方法もあります。「ぼくがずっとしゃべり続けたから,相手は勉強に集中できなくて,そっぽを向いたのだ」というように自己反省させることで,本人を興奮させずに正しい行動理解を促すことができます。

いずれの場合もうまく理解ができれば,しっかりほめることを忘れてはいけません。

背景要因2 衝動性の強さ

集団への指導スキル

　集団生活をする上でのルールは，事前に，クラス全員で確認しておきます。そうすることで，行動抑制になります。

^{point} ルールとモデルを全体で共有化する

　例えば，ホワイトボードに授業中の発表のルールを書いておいて，クラス全員でそれを確認してから授業を始めるようにします。こうすることで，授業への参加をスムーズにすることができます。

　そして，ルールを守っている子どもを，「静かに待てている○○さん」とほめてから指名するなどして，よいモデルを示していきます。本人がルールを守っている場合は，「みんなも□□さんのようにルールを守りましょう」などと言って，お手本にしてあげます。

　また，話し始める前に「今話してもいい？」と尋ね，「どうぞ」と返事をもらってから話すことを指導しておきます。このルールは，ペアやグループ学習のときに有効です。相手に気づかいながら話す習慣をつけることで，衝動的に話し出す行為を抑えることができます。

　ちなみに，授業には子どもたちの対話の場面を多くとります。「主体的・対話的で深い学び」にも通じますが，この活動があると，全員に発言する機会がたくさんあるので，おしゃべりをしすぎる子どもも目立たなくてすみます。

個別の支援スキル

　おしゃべりが続く場合は，すぐ制止するのではなく，ま

ずは、本人の話したい気持ちを受け止めて、満足感をもたせることを優先します。

point 話したい欲求を受け止める場をつくる

授業中におしゃべりが止まらなければ、「みんな○分だけ、□□さんのお話を聞いてあげましょう。□□さん、2分だけですよ」などと言って、設定した時間だけはしっかり話を聞いてあげます。「残り30秒」など、残り時間を提示することで、時間の見通しをもたせる工夫もします。

また、発言を何回も求める場合は、たとえ連続になっても数回は指名をします。それでも止まない場合は、「○番目に当てるから待ってて」と、話す順番を予告すると待てる場合があります。

書くことに抵抗がなければ、話したい内容を紙に書かせます。そうすれば、その間はおしゃべりが止みます。もし、書いたものを発表したければ、授業の区切りのいい場面で読む機会を与えます。

それでもまだ、話し足りない場合は、放課後など、ゆっくり話を聞いてあげる時間を設定することを告げます。

こうして、自分の話は聞いてもらえるという安心感を抱かせることが、おしゃべりの継続を抑制することにつながります。

（高本　英樹）

【参考文献】
・内山登紀夫監修，温泉美雪著『通常学級でできる発達障害のある子のトラブル・行動問題への対処』ミネルヴァ書房，2014

第4章 授業
指導の基礎技術

❸ 固まってしまい，動けない，話せない子どもへの対応ポイントは？
（場面緘黙を含む）

　Ｉさんは，教室ではとても大人しい女子で，授業中は一言もしゃべらないのですが，特定の友人にはささやき声やしぐさで返事などしています。休み時間は，独りで本を読むなどしていて，遊ぶことはほとんどありません。

　家庭では普通に妹ともしゃべっています。授業は熱心に聴いていて，テストをするとちゃんと理解しています。しかし，口頭で尋ねると，顔を伏せて，両肩が緊張し，一言も答えられません。たまに授業中に当てると，わかっているはずなのですが，しゃべらないだけでなく，表情も硬く，身体がこわばって固まってしまうこともあります。

　Ｔくんは知的障害のある男子です。時々活動の途中で固まってしまいます。先生の声かけにも反応しなくなります。Ｔくんが固まると，しばらくは固まったまま立っています。そのままにしていると，しばらくしてから少しずつ動き出します。

　このような状態は，一つは，場面緘黙と言って，例えば家ではしゃべるが，学校ではほとんど，ないしは全くしゃべらないタイプの子どもが考えられます。また，知的障害児などの場合で，心理的緊張が高まって起こることがあります。

これだけは知っておこう

背景要因1 ☞ 場面緘黙

　場面緘黙（症）は，小学生の約0.15％に出現し（梶・藤田，2015），多くは幼児期から小学校の間に始まります。少数ですが中学生や高校生になってから始まる例もあります。発達障害者支援法の対象に含まれています。

　以前は「選択性緘黙」と呼ばれ，自らしゃべらないことを選択していると考えられていましたが，現在では強い社会的不安からしゃべることができないと考えられています。

　場面緘黙の児童生徒の場合，身体が固まって，動きが止まる行動を「緘動」と呼び，割と見られます。

　しゃべらない，動かない行動は，教師から見ると，指示に従わない，反抗的と誤解されがちです。また，級友も思春期で敏感なため，自分が嫌われていると感じたり，語りかけると迷惑なのだろうと受け取ったりします。そのため，周囲の働きかけも減り，集団の中で孤立しがちです。

　しゃべらない，動かないといっても，児童生徒は目立たない中で，適応しようと努力しています。実は，級友が働きかけてくれることを期待している場合も多いのです。

背景要因2 ☞ 知的障害など心理的緊張で固まる

　Tくんのように，知的障害で固まっている児童生徒の肩や胸を触ると，とても緊張していて息も荒いことが多いです。非常に混乱して固まっていると推定できます。

背景要因 1 場面緘黙

集団への指導スキル

ある当事者は,自身のしゃべれないときの対処方略として,「『私は植物である』と思うことで,(中略)他者への恐怖心や自意識を薄め,『話さなければ』という圧力・視線から自由になる作戦」をとっていたと語ります(入江,2017)。自分で黙秘しているのではなくて,周囲の先生や級友の存在に気づくと,無意識的に,一瞬でしゃべったり動いたりできなくなるようです。

個人差が大きいので,一概に言えませんが,本人は周囲の注目を恐れ,級友の視線から大きな圧力を受けていて,自分を消そうと必死なのです。

point 場面緘黙に伴う,緘黙と緘動への環境調整

基本は,いろんな人が,それぞれに尊重されるという多様性を重視する雰囲気の学級経営をすることです。場面緘黙については,しゃべらないのではなくて,しゃべれないのだという理解が基本になります。しゃべらないが一生懸命努力しているという認識を教師がもつことです。それが周囲の子どもたちにも伝わって,居心地のよい学級になります。

友人がいたら,可能な範囲で一緒に活動させます。ただし,教えるのは教師です。直接教えると圧力を強く受けやすいので,友人に教える形で,実は本人に教えるようにします。不得手な部分は,事前にリハーサルします。

第4章 授業

個別の支援スキル

ポイント 不安が高くない状況でアプローチ

　しゃべらせようとすると，それが圧力になり不安が高まります。基本はその児童生徒のできることを発揮するように支援することです。学習活動を通じて，答えを導く過程を重視し，答えの表出（例えば答えを言う）だけを重視しないようにします。体育活動で努力の過程を認めたり，作文で考えさせたり，英文読解力を認めたりします。

　場面緘黙児は作文，自由画など自分の判断や感情が表れる表現が困難になりがちです。それと比べると，授業の問題など答えが決まっている場合，答えやすいようです。

　また，前述のように，目立ったり，注目されたりすることを恐れる傾向があります。他人の視線に敏感ですので，さりげなく接することが大事です。大勢の前より，個人的ないし少人数のあまり注目されない状況で働きかけます。

　基本的には，恐怖や不安が少ない状況で表出することを練習し，徐々に，少しだけ不安のある状況でも表出できるように支援していきます。集団の人数が多いと圧力になりやすいので，親しい友人と一緒に活動する→小集団で活動する→練習を積んだ上で，学級集団で活動するなど，集団のサイズに注意します。

　不得手な活動は誰でも緊張します。よく練習して，活動そのもののスキルを上げることにより，緊張をしにくくします。友人や小集団の状況で練習することは有効です。

背景要因2 知的障害など心理的緊張で固まる

集団への指導スキル

✏ 集団の圧力を減らす

　周囲の環境調整については，場面緘黙の場合と同様に，圧力を減らし，相互に尊重し合える学級経営が重要です。

　固まった状態でも，教師も含めて周囲には迷惑にならないので，放置されがちです。しかし，その児童生徒にとっては大変な状況です。心理的緊張が強くなりすぎて身体が過緊張になっていることが多いのです。非常に困っているので，「大変，大変，先生と一緒に逃げよう」などの声かけをして，圧力が高い場から逃げます。逃げるとき，可能ならば肩や腰に触れて，逃げる動きを支援します。できれば肩などの緊張が低下する場所まで，十分遠くに逃げていきます。それが難しい状況では，少し離れるだけでも違いますし，級友などの視線から教師の身体で隠してあげるだけでも違います。少し落ち着いたら，穏やかに語りかけたり，状況を説明したりします。

　教師とは，大変な時に助けてくれる人，逃げ方を教えてくれる人，この人と一緒なら安心だと理解させます。困ったら近づいてくるなど，援助を求める行動を導きます。

　次に，どのような状況で固まるか，どのような周囲の働きかけがあると固まりやすいかを観察します。パニックに近いので，特定の相手や声が引き金になっていたら，その児童生徒から距離をとるなどします。集団の中の場所が影響することが多いので，圧力の低い場所に位置づけます。

第4章　授業

個別の支援スキル

🔴 リラクセーション

　上述のように，固まる行動は，その児童生徒が非常に困難な状況にあることを示しています。その状況に徐々に慣れさせることも大事ですが，過緊張になりにくくするリラクセーションの支援やリハーサルをします。

　緊張している様子をまず観察します。多くの場合，胸が反って，逆に肩は上がって，前に出ていることが多いです。肩，肘，腕が硬いこともあります。

　日常の指導の中で，リラックスを教えます。深呼吸の呼気の時のように，「フーッ」などと声をかけながら，胸を落とす動きを教えるとよいです。同性の先生なら胸に触れた手を下方向に落とし，背が丸まるようにします（異性なら，両肩から丸めます）。また，自分で肩を上げるように促し，両肩を少し押さえながら，ゆっくり力を抜き，下ろしていくように教えます。

　苦手な活動は，まず教師が十分支援しながら基礎練習をし，人がいない状況でリハーサルを行い，成功させます。

（久田　信行）

【参考文献】
・久田信行・金原洋治・梶正義・角田圭子・青木路人「場面緘黙（選択性緘黙）の多様性」『不安症研究』第8巻1号，2016, pp.31-45
・梶正義・藤田継道「場面緘黙の出現率に関する基本調査(1)小学生を対象として」『日本特殊教育学会第53回大会発表論文集』, 2015
・入江紗代「緘黙の当事者研究」当事者研究全国交流集会, 2017

COLUMN
吃音

　吃音（どもり）とは，話しことばのリズムに連発（ぼ，ぼ，ぼ，ぼくは），伸発（ぼーーーくは），難発（……ぼくは）といった様子が見られ，流暢に話ができないことをいいます。最近では映画やテレビドラマでも取り上げられるようになりましたが，思春期や成人になっても人口のおよそ100人に１人は吃音があるとされています。

　吃音は，２～４歳で始まることが多いとされますが，思春期になって現れる場合もあります。また，常にどもっていない子どももおり，授業中の本読みや発表で急に当てられ，すぐに言えずに怒られてしまい，話すことへの自信を失ってしまう，というのが思春期の特徴でもあります。

　そして，吃音の原因はまだわかっていませんし，治療法も確立されていません。以下に，吃音の種類による主な「得意・苦手な場面」「困ること」「先生ができること」を表にまとめました。

	連発（最初のことばをくりかえす）	難発（最初のことばが出るのに時間かかる）
苦手な場面	自己紹介，本読み，発表，日直，号令	
得意な場面	得意な話をする，２人以上で声を合わせる（斉読）〔一部〕歌を歌う・台詞を言う	
困る	真似される，笑われる，「なんでそ	「早く言いなさい」とせかされる，答え・漢

こと	んな話し方なの？」と聞かれる	字がわからないと誤解される，一生懸命話そうとするが声が出ない
先生ができること	①吃音のからかいを止めさせる（少しの真似でも傷つきます） ②話すのに時間がかかっても待つ ③話し方のアドバイスをしない（ゆっくり，深呼吸して，落ち着いて，などの声かけには効果がなく，逆にプレッシャーになります） ④本読み，号令などの時の対応をどうしたらよいか，本人と話し合う	

　40％の吃音者が，「どもること＝悪い」→「どもりたくない（予期不安）」→「どもることを隠そうとする」→「気分の落ち込みや劣等感」の悪循環となり，対人恐怖症（社会不安障害）に陥るとされています。また，"吃音症"は英検の面接試験で特別措置の対象ともなり，吃音による話しにくさにも配慮されるようになってきています。

　小学校高学年から中学生の思春期の子どもたちと担任とが，どのようにしたらうまくできるかを，一人一人と話し合ってもらえることが，吃音のある子どもだけでなく，すべての子どもにとって安心となるでしょう。

（佐藤　雅次）

【注】
九州大学病院 菊池良和先生の資料を参考にしました。

第4章 授業

学習内容

❶ 英単語が覚えられない，英語の学習に苦戦している生徒への対応ポイントは？

「何度書いても覚えられない」「昨日は覚えていたのにまた間違える」「つかえながらしか読めない」。これは障害のある児童生徒だけではなく，すべての英語学習者に共通した課題です。単語テストや定期テストでの失敗が続くと「英語はどれだけやってもダメなんだ！」と，学習への自信や意欲そのものを失ってしまいます。英語だからこそ難しい「文字と音の対応習得」には，従来の暗記中心の学習法では太刀打ちできません。そこで，英語圏のディスレクシア研究に基づくアプローチをご紹介します。少しでもよいので，できるところから取り入れてみましょう。

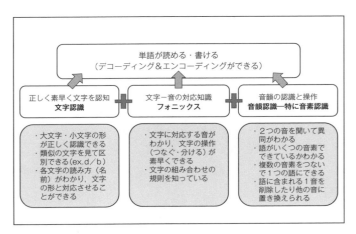

図1 単語を読むための3つのレディネス条件

102

これだけは知っておこう

英単語を読むためには図1にあるように，文字（文字認識）と音（音韻意識）に加えて，両者をつなげるための書字の知識（フォニックス）が欠かせません。読み書きにつまずいている場合，これらの要素のどこに弱さがあるのかをまずチェックしましょう。

背景要因1 ☞ 書字の知識と文字操作の弱さ

単語をつかえながら読む児童生徒の中には，実はアルファベットが定着していない子もいます。また，文字の名前しか知らない（音を知らない）場合，スペルを視覚的暗記に頼ることになり，非常に苦労します。フォニックスで単語の規則性を学ぶことは大きな手助けとなります。

背景要因2 ☞ 英語の音韻認識の弱さ

さらに，要因1の背景として，音韻処理の弱さが関係している可能性が指摘されており，英語圏では音素の単位までの明示的音韻認識指導が推奨されています。音韻認識とは英語の音声を正しく捉え，操作する力を意味します。正しく捉える力が弱ければ聴き分けることが難しくなりますし，操作スキルが身についていなければ文字の操作もうまくいかず，逐次読みやローマ字読みになったり，スペリングが非常に困難になったりします。

背景要因1 書字の知識と文字操作の弱さ

集団への指導スキル

point アルファベットのアセスメントを実施する

小学校での英語学習の内容や到達度には大きなばらつきがあります。中学1年次はすぐにアルファベットの文字と音の定着確認が必須です。テストは名前ではなく音読みを用い，小文字の26文字を先生がランダムに発音して書き取らせ，できていない文字や音を指導者が把握することが，基礎読み書き習得における全体的底上げの第一歩になります。

point 文字の操作と簡単な規則の導入

フォニックスは規則を暗記することが目的ではありません。現在英語圏で最も効果があるといわれているシンセティック・フォニックスでは，アルファベットの1文字1音が正確に素早く読めるようになると，2つの文字を並べてつなぐ，次に3文字をつなぐ，違う文字に入れ替えてみる，というように文字の操作練習で読みの流ちょうさを育てます。練習は教科書にとらわれず，母音と子音を足したらどう読むか（例：a+p で /ap/），子音と母音と子音でどう読むか（例：s+un で /sun/）といった簡単な単語の読みを中学校で徹底させると，子どもたちは自ら「読もう」という態度や姿勢を自然に身につけていきます。「フォニックス指導なんてやったことがない」という先生も手引き書等を見ながらで大丈夫です。1学期に様々な文字の組み合わせを練習する時間が授業の前に5分でもあるだけでずいぶん変わります。まずは簡単な文字の操作ができることを

目標としましょう。

> 個別の支援スキル

運筆を意識させる

アルファベットの書体は様々ですが、字形を捉えるのが難しい生徒には「筆の運び（運筆）」で運動感覚を意識しながら練習するのも効果があります。欧米では低学年には「なるべく一筆で書ける」ようにSassoon（サスーン）やComic sansなどの書体を用いて動作とともに指導しています。

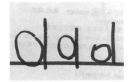

Sassoonフォント例

その際も筆の運びが似た文字（例：a, b, g）を一緒に練習すると、感覚的に身につけやすいでしょう。何度も書かせて覚えさせるのは苦しいものですから、なるべく生徒に負担のないような教材を選びましょう（参考教材：Matchett, C.(2012). *Handwriting Practice 1.* Schofield&Sims.）。

文字操作練習は2文字から

アルファベットの母音カードを縦の軸にします。母音の後ろに子音カードを置き、できた単語を読んでいきましょう。例えばbだと、ab, eb, ib, ob, ub……これがスムーズに読めれば、次はその前に子音カードを置いて読んでいきましょう。例えばjを置くと、jab, jeb, jib, jub。これは文字と音をつなぐ操作の基本練習です。意味は気にしなくてよいので、母音に強勢を置いて読むように意識させましょう。

背景要因2　英語の音韻認識の弱さ

集団への指導スキル

point 単語に含まれる，より小さい単位に気づかせる

英語の音韻の最も小さい単位が音素で，フォニックスや読み書きには音素意識の獲得が必須であるといわれています。音素意識を高める活動は最初の音や最後の音に注目させ，分析的に聞かせるほかにゲームでもできます。例えば「何番目ゲーム」では，特定の音が何番目に出てくるかを当てっこします。例えば /p/ を含んだ単音節の単語を5〜6つ用意します（spot, strap, crisp など）。文字は見せずに先生が発音し，生徒に「何番目の音か」を当てさせます。答え合わせは黒板のマグネット（文字ではない）を順に指さしながら，「s-p-o-t で2番目だね」と音声に集中させます。難易度は高めですが，やってみると楽しいですよ。

point 長い単語は音節感覚を育てる

単語は多音節の語が多く，生徒は「長い単語は覚えられない」となりがちです。英語の音節感覚は「母音1つでリズム1つ」。発音しながら手を叩いて数えてみてください。例えば Sunday は Sun-day と2拍，January は，Jan-u-a-ry と4拍になります。Sun であれば音読みでそのまま読めますし，day は「ay は /ei/ と読むよ」と教えることで Monday なども同様に覚えることができます。単語に含まれる規則的に読める部分と，覚えないといけない部分に分けるだけでも，生徒の負担がぐっと減ります。

第4章　授業

個別の支援スキル

発音指導は丁寧に繰り返す

　英語の発音は，ネイティブのような完璧さや正確さを求める必要はありません。ですが自分なりに「区別して言える」ことは文字の書き取りの際にとても重要です。日本語にない音声は口の形や息の出し方などを丁寧に指導し，音の聴き分けだけでなく，音と動作を対応させるよう指導しましょう。YouTubeには発音指導に役立つ動画もたくさんあります。それらを見ながら動きを確認したり，鏡で動きをチェックしたりしましょう。

英語圏のアプリは大きな味方

　英語圏では音韻認識指導は幼児期に盛んに行われ，多くのアプリが市販／無料で配布されています。以下は実際に私も使用し，効果のあったアプリです。いくつも選択肢を用意して，その子が楽しく繰り返せるものを選びましょう。

アルファベットの文字と音

　Montessori LETTER SOUNDS-Phonics by EDOKI

フォニックス

　Montessori Crosswords by L'Escapadou.

（村上加代子）

【参考文献】
・ジョリー・ラーニング社編著，山下桂世子監訳『はじめてのジョリーフォニックス』東京書籍，2017

第4章 授業
学習内容

❷ ノートに写すことが難しい子どもへの対応ポイントは？

　Aくんのノートはいつも字がぐにゃぐにゃしていて，線やマスから文字がはみ出しています。

　また，ノートに写すときに，文字や言葉が足りなかったり，違う言葉に変わっていったりします。そういえば教科書を音読するときには，首が読むところに合わせて上下左右に動いています。

　繰り返せばいつかできるようになると思いつつも，あまりにも写し間違いが多くどうしたものかと悩んでいます。

　特別支援といえば視覚支援が中心になりがちですが，その視覚情報が理解しやすいものかどうかは大きな問題です。

　「書いてあることがよくわからない」と口に出して言える子はまだ理解しやすいのですが，ひたすら間違い続け隠してしまう子，そもそも書かない子もいます。

　また，「書いたはずなのに抜けている」場合もあります。

　さっきまで見ていたはずなのに，視点を移したときには「あれ，なんだっけ」と。

　ここでは，「視覚認知が苦手」と，「ワーキングメモリが少ない」という2つの視点から，ノートに写すことが苦手な子どもの背景要因を読み解いていこうと思います。

これだけは知っておこう

　視覚認知が苦手なこと，ワーキングメモリが少ないことで，ノートに写すことが苦手なのかもしれません。

背景要因1 ☞ 視覚認知が苦手

　そもそも字の形を捉えることが苦手な子もいますが，別の視点からも考えてみます。

　例えば，教科書を読むときに顔を動かす子はいませんか。

　通常は文字を読むときに眼球がスムーズに動くことで，文字の認識がしやすくなります。

　しかし，子どもによっては眼球がスムーズに動かないために文字そのものがよく読めないことがあります。

　「写す」という行為は視点の移動が大きくなり，そういう子どもにとっては，単純に書くこと以上に困難さを伴います。

背景要因2 ☞ ワーキングメモリが少ない

　写すときに，黒板に書いた字をノートに写すまでの間に何が書かれているか忘れてしまうことがあります。

　通常は一度に覚えることができる情報のかたまりの数は7つ前後といわれています。

　しかし，ワーキングメモリが少ない子どもは，その量が少なく，一度見てはみたものの，いざ自分のノートに写すときには何を写したらいいのか思い出せなくなっており，その結果覚えている言葉や文字だけを写すということになってしまうのです。

背景要因1　視覚認知が苦手

集団への指導スキル

point ビジョントレーニング

個で行うことも可能ですが，簡単なビジョントレーニングをすることも可能です。

スポーツでも有効ですので，上学年や中学生なら喜んでやるかもしれません。

目だけ動かして交互に見る

また，右のような点つなぎも有効です。

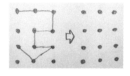

point 書いてある内容を読む

写させたいものを読むようにします。

目で見た文字がはっきりしなくても，言葉で繰り返されることで，「ああ，そうか」とわかる子もいるからです。

また，口に出したことによって「もう一回言って」と言うこともできるようになります。

point 緊張を取り除く

「失敗したらどうしよう」と子どもが不安になっている可能性があります。

緊張と不安は子どもの動きを硬くします。

それは眼球の動きでも同様です。

日常的に「失敗しても大丈夫」だと感じさせるような教室の雰囲気を醸成していきます。

第4章 授業

個別の支援スキル

文字を大きく，間を広く提示する

板書をするなら，上学年や中学生といえども，文字は大きく，行間を広く提示する方がよいでしょう。

また，吹き出しや四角囲いなどを適切に使いながら書くようにするとよりよいでしょう。

文節で「分かつ」

つらつらと書いてあると，単語や言葉のかたまりとして理解できづらい子がいます。

そういう場合は，右のように，文節の間をほんの少し空けるのです。

このように読みやすくするための書き方を「分かち書き」と呼びます。

また，そもそも書いてあるものの場合は小さく線を入れることで，写しやすくなります。

定規を利用させる

字の細かい複雑な表を書くときに，いったいどこに書いたらいいんだ？と迷うことはありませんか？

教科書などの言葉を写すときには元の文章に定規を置かせると，どこを写せばよいかわかりやすくなるでしょう。

111

背景要因2 ワーキングメモリが少ない

集団への指導スキル

point 写す量は少なくする

背景要因1でも述べましたが，写す量を少なくすることは大切です。

一度にたくさん覚えられないのですから，そもそもの量は少なくするようにします。

point ナチュラルサポートを日常化する

日常的に子どもたち同士は，わからないときに「わかんないんだけど」と近くの子に聞いていますか？

また，近くの子が困っているなと気づいたら，すぐ手伝おうとする子はいますか？

過度の私語はもちろんよくないですが，小さな声でお互いが声をかけ合う状況を日常的につくり出していきます。

自然な支援（ナチュラルサポート）が日常化することで，支援者も被支援者も育っていきます。

point 写す経験を毎日少しずつ

写す経験を積ませることで，少しずつ「覚える」ことにも慣れ，向上していく場合があります。

私は日々の連絡帳をきちんと書かせることにしています。

分量も多くなく，ほとんどがルーティーンとなっていて，覚えて書く部分はわずかです。

だからこそ，トレーニングになるのです。

個別の支援スキル

point 具体的に指示する

「まず一行目を書きましょう」

「この括弧の中を書きましょう」

そうすることで,覚える範囲が具体的になります。

全部ではなく,断片的に示す。

そうすることで,作業するためにいったん覚える量は少なくてすむようになります。

point 板書と同じものを提示する

紙に書く,あらかじめ用意しておく,その場で書く。

手元に書き写すものがあることで,視点移動の時間が短くなります。

また,ノートのすぐ隣にあるので,何度も確認できます。

もし,他の子も欲しいと言ったら?

もしかしたら,その子も写すのが苦手な子かもしれません。

簡単な板書メモとそのコピーを用意しておくだけで,その子たちは板書を写すことができるようになるかもしれません。

point 途中まで書く

さすがに,大きい子どもたちですから,すべてを書いてしまうわけにはいきません。

でも,最初のとっかかりだけでも書いてあげると,「あ,そうか」と自分が書き写す場所がわかり,「続き」を書き始めることはよくあります。 (南 惠介)

❸ 説明を聞くだけでは理解しにくい子どもへの対応ポイントは？

「説明を聞くだけでは理解しにくい子ども」の例。

"椅子に座って机の上に教科書やノートを準備して、やる気満々で学習に向き合ってきたが、聞こうと努力しても、わかるようにならなかった子"

"説明を聞こうと思うけれども、休み時間が終わって授業が始まる時、気持ちを切り換えられずに説明のはじめが十分に聞けなくて、つまずいてしまう子"

"説明を聞く気はあるけれど、他のこと（例えばシャーペンの芯を入れ直すこと）が気になって、話が聞けない子"

"生まれながらに様々な音を精密に聴き取れすぎて、洪水のように押し寄せる音を制御するため、自然と音にフィルターをかけて生きてきたことが原因で、周りからは聞いていないように見える子"

「目の前の子どもをよく観て、背景を想像して、仮説を立て、支援を組み立てる」を基本に以下をご参照ください。

背景要因1 ☞ **短期記憶やワーキングメモリの弱さがあり、聞き落としが多く、聞きながら考えることがうまくできない**

背景要因2 ☞ **ワーキングメモリに弱さはないが、注意のコントロール力が弱く聞いた情報を取り入れられない**

これだけは知っておこう

　小学校低学年から高学年になるにつれて，学習において視覚的な手掛かりが減り，耳から聞いた情報を取り入れて考えることが増えてきます。中学校に進み，さらにそれは顕著になります。小学校３年頃までは友だちと一緒に学べていたのに，高学年から遅れが目立ちはじめ，中学校の頃からは全くついていけない子どもが多くいて，その手当てが十分なされていないことが見受けられます。その理由の一つに，ワーキングメモリの弱さをもつ子どもたちがいることがわかってきました（以後はWMで表します）。

　彼らの多くは知的に大きな遅れはないので，「聞く」の課題について子どもの特性に合わせた適正な配慮をすれば，友だちと同じ通常学級で学べるようになります。

　しかし，多くの場合，適正な配慮がなされず，本人の学ぶ努力が報われないまま挫折感を味わっています。そして，友だちとの違いが気になる思春期に焦りが増し，自尊感情がさらに低下して二次障害に至るケースも多く見られます。

　「怠けている」「がんばりが足りない」「運動や○○ができるから勉強はできなくても大丈夫」という言葉に傷ついていることが多いので，支援者は子どもの「わかる・できる」を目指して，いつでも共に作戦を立てる協働者でいてほしいと願います。

> **背景要因 1** 短期記憶やワーキングメモリの弱さがあり，聞き落としが多く，聞きながら考えることがうまくできない

集団への指導スキル

⚑ 情報の整理・注意のコントロール

授業はできるだけ，音声言語・視空間情報・触覚・身体を使うなど，多感覚でつかめる学習にします。大事なことを伝えたいときは，言葉で伝えるだけではなく，黒板を「こんこん」と叩き，板書を始めます。上学年・中学校でも，絵やイラストを使う説明や考え方の道筋がわかるワークシートの利用は，本人にもクラス全員にも効果があります。

⚑ 情報の最適化

指示は一度にたくさん出すと聞き落としてしまうので，短い言葉で簡潔にします。「これから大事なことを3つ話します」と3本指を立ててから話します。繰り返して話す・抑揚をつけて話す・身を乗り出して話すなど，人が大事なことを伝えたいときにするしぐさ（ソーシャル・キュー）をクラス全員で考える学習も効果があります。

⚑ 記憶のサポート

学習の流れのパターン・板書の仕方・ノートの取り方がいつも決まっている方が対象の子どもは安心できます。

できるだけ子どもたちが知っている言葉，特に興味関心のある言葉や体験したことに関わる言葉を使うとWMの負荷が下がり，学習内容の理解を助けます。

授業の最初に「結論」を板書して，それをノートに書か

第4章　授業

せてから授業を始める方法もあります。途中で聞き落として も授業の向かう先がはっきりとわかるので助かります。

個別の支援スキル

予習的補習

（言語的）短期記憶や（言語性）WMの弱さから，聞き落としたり，聞きながら考えることが苦手だったりする子どもには，あらかじめ授業プリントを教科担任から入手し，個別に支援者とともに肝の一問を攻略した後，みんなと一緒に授業を受ける「予習的補習」が有効な方法の一つです。

聞き落として途中で説明がわからなくなっても，事前に一問を理解しているため，学習の文脈を予測でき，焦らずに学習に取り組めます。

まず，注目させたい一問だけが見えるようにプリントを折り込みます。できるだけ，例えを使ってわかりやすく説明します（例：「方程式の解き方」で

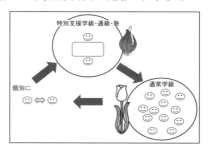

図1

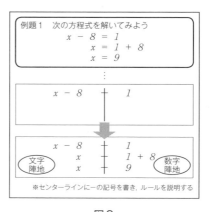

図2

117

は，まず＝を揃えます。右側は数字陣地で数字を集めます。左側は文字陣地で文字を集めます。＝を越えて相手陣地に移動するとき，＋－の符号が変わります）。

　子どもの体験した活動の言葉，例えば，先ほどの例で使った「陣地」という言葉は，サッカー部などに所属する子どもにとってわかりやすく，WM に負荷がかかりません。

　「一問攻略」してから授業に臨むことで「わかる・できる」の自信がついて友だちと学ぶので，友だちに教えてあげることができるようになり，対等な関係が育まれる中で自尊感情のケアができます。

背景要因2　ワーキングメモリに弱さはないが，注意のコントロール力が弱く聞いた情報を取り入れられない

集団への指導スキル

point　五感を使った注意喚起

　注意のコントロールが苦手で，外からは説明を聞いているように見えても学習に必要な情報を十分に集めることができていない子どもがいます。以下に，授業でどこに注目したらよいかがわかるようにする方法を紹介します。

- 場面転換のときは，「はい，次は……」と手を打ちながら話すなど，身体を使って注意喚起する。
- ノートを書くときと話を聞くときを分けるなどの学習のルールをあらかじめクラスで決める。
- 色ペンや色チョークを用いる。
- キーワードには印（マークや線を引くなど）をつける。

- １時間の授業が，座学で聞くだけの個別学習だけで終わるのではなく，「ペア」「グループ」などの友だちの関わりがある時間を入れて単調にならないようにする。

個別の支援スキル

point 予習的補習

WMに顕著な弱さがなく，注意のコントロールが苦手なADHDや自閉症スペクトラムの子どもたちにも，背景要因１で紹介した「予習的補習」が有効です。

授業の「一問攻略」に要する時間はせいぜい10分程度。興味が次々と移りやすい子どもがなんとかがんばれる程度の時間，休み時間や朝の会・帰りの会の前後などで対応できる支援方法です。子どもの興味のある言葉を使い「一問攻略」をします。時間の制約は支援者の言葉を磨きます。また，子どもの興味関心のある言葉をどう引き出すか考えながら関わるので，日頃からの関わりの質が変わってきます。例えば，数学の方程式を解くのに出てくる専門用語「左辺・右辺」を教えるとき，「右コート・左コート」などの長期記憶にある言葉を入口にするだけで，注意のコントロールが苦手だといわれた子どもの特徴は反転します。一問解けるようになった後，専門用語に置き換えます。「わからないからもうやりたくない」と学習を諦めた子どもも「わかる・できる」を味わうことができます。（西　幸代）

【参考文献】
・湯澤正通・湯澤美紀『ワーキングメモリを生かす効果的な学習支援　学習困難な子どもの指導方法がわかる！』学研プラス，2017

❹ 宿題をしてこない，こられない子どもへの対応ポイントは？

テストが終わった日の夜，保護者から電話がありました。

「うちの子，テストが終わった教科の課題をやっていて，次の日のテスト勉強をやらずに学校に行ったのです。しかも，夜中の２時までやっていたのです」

中学校で宿題というと，大きく４つに分けられるでしょう。

ア　毎日，取り組むもの（例：自学帳）

イ　小テストに向けて行うもの（例：英単語練習）

ウ　定期テストで提出するもの（例：各教科の問題集）

エ　受験に向けて行うもの（例：受験問題集）

これらすべてに取り組むことが難しい場合もあれば，自学帳はできるが，受験問題集はできないなど，できる場合とそうでない場合の差が顕著な場合もあります。

はじめは素直に「（宿題を）忘れました」と報告していても，「（宿題はやってあるけど）ノートを持ってくるのを忘れました」と理由が変わり，次第に報告はなくなり，体調不良を理由とした欠席に至ることが少なからずあります。

課題そのものがその子に実態に合っていない場合もありますが，ここでは「プランニング」と「課題量」の視点から，宿題をしてこない，こられない子どもの背景要因を考えてみます。

> これだけは知っておこう

「宿題が出ない＝やっていない＝さぼり」ではありません。宿題への取り組み方を知らない，身についていないだけかもしれません。

背景要因1 ☞計画的に物事を進めることが難しい

小学校とは違い，中学校では自主的に課題に取り組んだ上で，期日を守って提出することが求められます。帰りの会で「今日の宿題は○○です」とは担任は言いません。テスト範囲が発表されると，提出すべき課題の範囲が示されます。それでも，「いつまでに」と期限は示されても，「いつ，何を」という計画は自分で立てなくてはいけません。「明日が提出日です」と言われるまで，課題の存在に気づかないこともあるのです。

背景要因2 ☞宿題の量が本人の力や特性と見合っていない

同じ学級に在籍していても，子どもの能力は一人一人違います。通常の学級でも，学習能力には当該学年の±4歳の幅があると考えられます。すべての子どもが応用問題まですらすらと解けるはずはないのです。終わらない課題が積み重なっていくと，「とりあえず答えを写すか」となり，それでも完了できないと，「どうせ終わらないから，やらずにおこう」となるのです。

背景要因 1　計画的に物事を進めることが難しい

集団への指導スキル

point 取り組み方を指導し，習慣化する

　最初の1か月は，誰もができる宿題を出し，毎回，点検をします。自学帳であれば，取り組む教科や日記のテーマを指定するのもよいでしょう。教科の問題集であれば，基本問題の数問だけを宿題にします。そして，全員が期限を守って提出できたことを称賛します。まずは，課題を出す習慣を集団の文化とするのです。

point 意図的な提出期限の設定

　定期テストに提出する課題は，テスト週間に入る頃に，その時点で取り組むことができるページを示し，回収します。そのときも，「明日，集めます」ではなく，回収する1週間前には期日を予告しましょう。最終締め切りですべての課題が完了するように，中間提出期限を設定します。

point 計画を立てる練習をする

　定期テストや長期休業中に学習計画表を配りますが，どんな計画を立てているか確認しましょう。計画表を配ったら，計画を立てる時間をつくりましょう。子どもたちが，どのように計画を立てているのか紹介して，自分に合った立て方を知る機会を用意します。余裕をもった計画を立てること，計画は訂正できることも教えましょう。

個別の支援スキル

point 具体的な指示を出す

　「いつ」課題に取り組むのか，決める手伝いをします。

「帰宅後のいつやるのか」「休み時間にやるのか」取り組む時間は多様です。「いつまでに」という指示では、やりきれないのです。

point 指示を視覚化する

問題集のページを示しながら、「教科書○ページが終わったから、問題集のこのページを次の時間までにやっておいで」と、該当ページに付箋をはります。そのとき、付箋には取り組む日付を書いておくのも効果的です。

教科書と問題集の関係を理解すれば、いずれ自分から学習計画を立てることができるようになるでしょう。

point 点検を確実に行う

宿題を出したら、必ず点検します。授業が始まる前に、完了したかどうか声をかけ、教師の目で確認しましょう。完了していたら、付箋をはがします。点検の期間が空いてしまうと、未完了の課題がたまっていきます。はがすことができない付箋がたくさん並ぶと、意欲も落ちていきます。「できたね」と笑顔で付箋を毎日はがせば、子どもたちは自ら学習に取り組むようになるでしょう。

point 時間の確保

授業後や休日には部活動があり、帰宅後には塾や習い事がある子どもたち。友だちとの関係も大切にしたい年頃となれば、時間がいくらあっても足りません。帰宅後の生活を表に示し、「いつ」学習するのか視覚化することで、学習時間を確保させましょう。休み時間に課題に取り組むのも隙間時間の有効活用であることを教えてもよいでしょう。

背景要因2 宿題の量が本人の力や特性と見合っていない

集団への指導スキル

point 課題の焦点化

その課題は本当に必要なのでしょうか。その課題の出し方はふさわしいのでしょうか。「授業中にできなかったから」「毎年やっているから」という理由になっていないでしょうか。

特に，教科の問題集は予習や授業の導入として活用したい部分，補充問題としたい部分などと，授業の中で活用する方が有効な場合もあります。「何のための宿題なのか」見直すことも必要でしょう。

point 選択的な課題の提示

力に幅があることを前提としたら，すべての子どもが全く同じ課題に取り組むことが難しいことは容易にわかっていただけることでしょう。1回書けば覚えている英単語を何度も繰り返し書く必要があるのでしょうか。理解力が乏しい上に，書字速度が極端に遅い子に，何ページもの答えを書き写すことを求める必要があるのでしょうか。

中学生にもなれば，自分の力は自覚しています。何もかも同じではなく，絶対できてほしい課題，必須の課題を示し，それ以上の部分は自己選択でもよいでしょう。

個別の支援スキル

point 信頼関係の構築

課題量を調整するかどうかを決定するのは子ども自身です。親切の押し売りは，かえって支援を拒ませます。教師

の配慮を受け入れることができる信頼関係をまずは構築しましょう。

優先順位を決める

　課題の優先順位を決めます。例えば，英語の問題集なら，書き写す問題や選択肢のある語群整序問題から取り組みます。単語がわからなくても，なんとなく取り組むことができるでしょう。「これならできる」と思える問題に印をつけ，少しずつでも課題に取り組み，「できた」という体験を積み重ねたいものです。

周囲への配慮

　Aさんにとって有効な課題量の軽減も，お互いを理解できないタイミングで行うと，「あの子だけずるい」「Aさんは勉強ができない人だ」と差別につながることがあります。課題を回収するときは特に注意が必要です。課題が提出できたことを評価するのですから，係の子どもが問題集などを開いて，取り組み方を点検する必要はないでしょう。

通級指導教室の活用

　各教科の担当が課題量を配慮しても，1日6時間の授業があると，全体での課題が膨大なものになることもあります。その子の実態に応じて，全体の課題量を子どもと相談して決めるには，個別の指導の場，通級指導教室の活用も有効です。

（前田　恵理）

【参考文献】
・J. A. ナグリエリ・E. B. ピカリング著，前川久男ほか訳『DN-CASによる子どもの学習支援』日本文化科学社，2010

❺ 入退院を繰り返すなど，学習の積み重ねが難しい子どもへの対応ポイントは？

　テスト週間のある日，慢性疾患を抱える中学1年生のAくんは最近まで入院をしていました。自宅に帰ってからも勉強を教えてくれる人もおらず，学習がほったらかしの状態でした。安静が必要な治療もあり，学校へ来ても遅刻や早退することも多く，科目の学習も定着が難しい状態が続いていました。体育の時間にもグラウンドで座っているだけのAくんは，なかなかクラスにもなじめずにいました。

　定期テストの直前になりました。「比例とか習ってないし，X＝なんとかって何？　さっぱりわからない」。先生は「そういえば，Aは比例の勉強の時は学校来てたかな？　おいB，Aはこの前の数学来てたか覚えてるか？　学校に来てないんなら，勉強できてなくて仕方ないよな」。Aくんは心の中で「低い点とったら恥ずかしいし，先生からみんなにあんなこと言われて，もう学校にも行きたくないな」と思いました。

　Aくんのように，病気などである期間学校を休んでいる子どもは，その期間に学習空白が生まれます。特に算数や数学，英語などの学習に積み重ねが必要な教科では，その少しの空白によってその後の学習が難しくなることがあります。そしてそのような体験から，自信をなくしてしまい不登校傾向が強くなることもあります。

第4章 授業

これだけは知っておこう

背景要因1 ☞ 長期欠席による学習空白

慢性疾患などで，長期入院や継続的な治療のため入退院を繰り返す子どもがいます。退院後もすぐに学校へ通えず，休みがちだったりしますが，理解が浸透していません。その中には，入院中の子どもが通う学校，いわゆる「院内学級」へ通う場合もあります。その際には，院内学級とのやりとりを行い，復学に向け学習進度の把握をすることが不可欠になります。そのやりとりは先生自身が行う場合と，保護者を通じて書類等のやりとりをする場合があります。学習空白が目立つ場合や，遅れが今後予想されそうな場合には，個別の教材の作成や，家庭での学習の方法を工夫したり，場合によっては別室での指導を利用するなど，個々に応じた環境を設けて指導していくことが必要です。

背景要因2 ☞ 経験や体験の不足による自信の喪失

病気の他に一時的な不登校状態などの長期欠席の子どもにも学習空白が存在します。系統立てて学ぶ機会が失われていることや，他の子どもに比べて経験や体験の不足などがあります。子どもは「できる」「わかる」が増えてくることで，学習へ向かうエネルギーをもてます。病気や不安等による不登校傾向が潜んでいることに気づかず「怠けているからだ」「仮病だ」などと思い込まないようにしましょう。自分が頼りたい先生という身近な存在から誤解や偏見を受けることで，心を痛めてしまうケースもあります。

背景要因 1 長期欠席による学習空白

集団への指導スキル

point 「できる」「わかる」を増やし,助け合いの気持ちも生む

　学習空白による学力不振で,不登校になってしまうケースもあります。問題が解けることや目標を達成できること,「できる」「わかる」を積み重ねていくために,その子にできる問題を授業の中で当てるなどし,成功体験を積ませます。その際,その子が困っているときにあえて先生が率先して出ることはせず,他の子どもに理解を促し,助け合いの気持ちを育むようにします。そうすることにより,他の子どもたちも助けを必要とする仲間を支える経験を積むことができます。相互理解と助け合いの雰囲気をクラス内につくっていくことが大切です。

個別の支援スキル

point 未習の学習内容と理解度の確認(実態把握)

　入退院を繰り返したり不登校傾向のある子どもには,Aくんのように特定の期間だけ学校に来られなかった等の理由から学習空白が生まれます。特に上学年や中学生の場合,算数(数学)や英語など学習に積み重ねが必要な教科ほど,課題が浮き彫りになりやすいです。「教科書はどこまでやったか覚えてる?」「この問題はやり方がわかるかな?」など,細かく見ていくことでどこに空白があるのか発見し,その子の単元ごとの理解度を確認します。断続的な学習空白が見られる場合には,必要な項目を示した確認票のよう

なものを作成し，それを工夫して使いながら対応することもできます。独自の積み重ね教材を作成し，常に確認することで対応がしやすくなり，学年が上がるとき等の際にも引継ぎがしやすくなるでしょう。

〔例〕・教科書は（授業で）どこまで学習しましたか？
　　　・最後に授業を受けたのはいつですか？
　　　・子どもが取っているノートの確認
　　　・その子の好きな教科，嫌いな教科　など

　連絡帳のようなものを作成し使用しながら，雑談などを交えて聞き取ることで，子どもとの関係性も形成しつつ，学習進度や理解度について把握します。ノートの状況や，中学生の場合は，定期テストの実施の有無からもその子の理解度や学習空白の状況を把握することができます。

point 簡単で，できそうな問題から取りかからせる

　個別に指導や教材作成をする場合，多くを詰め込まず，限られた時間の中でできる量にします。まずは最低限の基礎学力を補うために，基礎的なものを重視して選ぶとよいでしょう。宿題などの課題を利用し，必要な事項を精選します。簡単な問題から取りかからせて「できる」「わかる」を増やしていくことが大切です。スモールステップで移行できる学習課題を作成し実施することで，次の学習に向かうエネルギーを蓄え，どこにつまずきがあるか発見することもできます。学習ステップ表を作りチェックするとより効果的で，子どもも先生と一緒に進んでいるという気持ちになれるでしょう。

背景要因2 経験や体験の不足による自信の喪失

集団への指導スキル

point 友だちや先生を通じて、つながりを継続させる

病気の状態によって長時間の勉強が難しい子どもには、休みの日や遅刻・早退した日に、関わりのある子を中心に宿題や課題を持って行くなどし、常に学校での様子を伝えるようにしましょう。つながりを継続し、学習空白があっても学校へ行きたいという気持ちを維持することができます。一緒に学習ができるという喜びを共有して、その子に合ったペースで子どもと先生が共に学習の歩みを進めることが大切です。

point 合同学習を進め、友だちとの一体感を生む

基礎の定着ができていれば、仲の良い友だちと合同学習させることで、個別感や孤立感が解消でき「一緒に学んでいる」という感覚を得られる環境を設定します。その子のことを擁護するより、他の子どもに任せることで、「病気でもがんばっている友だちがいる」という意識を子どもやクラスにもたらす作用もあります。この方法はその子に過度な負担を課さない上で、友だちとの公平性が感じられるように行いましょう。

個別の支援スキル

point 別室での指導を活用した、学習やテストの場の設定

体調不良や治療のための通院などで空白が生じる場合、空白を補う機会を確保することが必要になってきます。保

健室等の別室で,体育の時間などを利用し,空白のある教科の補習を行うという方法です。その際には,現在の学習内容の精選が必要です。学習空白を補う場合でも,休んだ日の補習を行う場合でも,いずれにしても連続した学びの場と,系統性に配慮した指導が必要となります。中学生で体調不良や通院のために定期テストが受けられない場合は,その科目を別室で実施する等の配慮も行います。

🎈point 休みの日の個別教材で,振り返りの指導を行う

学校の時間外での個別学習や教材を使用する際には,現在行っている授業の内容ではなく,前の単元を振り返られるような教材を使うこともよいでしょう。Aくんのように未学習で本当にわからない場合もあれば,学習した範囲を自分なりに理解しようとがんばり,誤った理解をしてしまう子どももいます。学習空白の対応は必要ですが,方法によっては「こんな問題もできないと思われているのだろうか」と,やる気をなくす場合もあるので,学習意欲を引き出せる工夫をしていきましょう。

(三好　祐也)

【参考文献】
・丹羽登監修『病弱教育における各教科等の指導』ジアース教育新社,2015
・全国特別支援学校病弱教育校長会『病気の子どもの理解のために』国立特別支援教育総合研究所,2010

❻ 見ることが難しく、周囲の情報が認知できない子どもへの対応ポイントは？

　ものを見るときに極端に近づいて見たり，一生懸命になればなるほど顔を斜めに傾けて見たりする子どもがいます。見たいものと目との距離が近いため，いつも机に顔を寄せ，背を丸くして学習しています。手元にある教科書の文字も，遠くにある板書の文字も見えづらく，初めて出会う言葉では読み間違いも多くなります。小学校3年生からの国語辞典，4年生からの地図帳，5年生からの裁縫など，学年が進むにつれて学習の中でより細かいものを見ることが求められるようになります。板書の量が増えるにつれて黒板の文字も小さくなり，さらに画数の多い漢字が出てくるので，低学年の間は困ることのなかった子どもにも，見えにくさからのつまずきが見られるようになります。

　一方，体育などでは，全体の様子を一度に把握できないことでの困難もあります。ダンスや体操のような動きのある場面では，大まかな動きはできても手のひらの向きなどの細かい部分はつかめていないといったことがあります。

背景要因1 ☞ **座学の場面で，手元や黒板の細かい部分が見えない**

背景要因2 ☞ **体育や全校行事の場面で，全体の様子を把握できない**

ということが考えられます。

これだけは知っておこう

　眼疾患が疑われる場合は医療との連携が不可欠です。まずは眼科を受診し，矯正できれば眼鏡等を処方してもらいましょう。また，まぶしさを和らげるためのレンズもありますので眼科医と相談の上，本人の思いも引き出しながら検討します。

　自分の眼鏡をかけてどれくらいの視力が得られるのか，左右の目で視力に大きな違いはないか，視野には問題はないか，極端にまぶしがったり，逆に薄暗いと全く見えなくなったりといったことはないかといった情報が適切な支援のために大変重要です。保護者と一緒に情報を整理し把握します。

　その上で，本人の見方（見るときの距離や顔の向き）について考えます。多くの場合，見ようとして自分なりに得てきた見方なので，それを「もう少し本を離して見なさい」などと指導しない方がよいことが多いようです。眼球が不随意に揺れる（眼振）子どもの中には，「こうすると目の揺れが軽減する」という目の位置（顔の向き）を知っている場合があります。他にも，視野障害で真正面が見えにくいことも考えられます。いつも顔を斜めに傾けて見るというのはそういった本人の工夫であることが多いのです。

　眼科的に問題がなく，発達障害等からくる見方の不器用さ，見るべきところがつかみにくいがための見えにくさについては，本書の他の項目でも紹介されています。

背景要因1 座学の場面で，手元や黒板の細かい部分が見えない

集団への指導スキル

point 環境を整える

チョークの色は白と黄色を基本にします。赤や青，緑などでは文字は書かないようにし，アンダーラインや囲みなどで使う程度にとどめます。赤や青でも，蛍光チョークだと一般的なものよりも少し見やすくなります。教員が板書を声に出しながら書くことも有効です。

天気や季節によって教室内の明るさを調節できるように，窓にカーテンを付けます。そして，どの子どももまぶしさや暗さに対して我慢する必要はないこと，「カーテンを閉めてもいいですか」などとクラスで発信できるのがよいことだと伝えます。こういった雰囲気が，見えにくさのある子どもの育ちを支えます。

point 道具のよさに気づかせる

眼鏡やその他の道具を与えられても，本人は煩わしく思うことがあります。まぶしさを軽減する遮光眼鏡のような色のついた眼鏡を周囲からどう見られるだろうと不安に思い，使えないという声も聞きます。本人とじっくり話し合い，本人の気持ちを追い越さないようにしながら，クラス全体に眼鏡等の大切さを伝えるなどの働きかけをします。同時に，中学生，高校生になる頃にはそれを本人から伝えられることを目指します。周囲との違いを強調するのではなく，「こうすればみんなと同じように学習できる」とい

う手ごたえとともに自信を育てていきたいものです。

(個別の支援スキル)

見るものを大きくする

拡大教科書は，通常より大きな文字，読みやすいフォントを用いた教科書で，3つの文字サイズから選ぶことができます。文字は大きければ大きいほど読みやすいわけではありません。一人一人の見え方に合ったものを選ぶことで，本人の見ることへの負担が軽減できます。また，読むことだけでなく，持ち運びや授業中の扱いも含めたサイズの検討が必要です。最近では，タブレット

ト端末を利用して，教科書をデータとして持ち運び，文字や写真等を自由に拡大して見るということもできるようになりました。アクセスリーディングやＵＤブラウザがそれです。拡大教科書は重くて持ち運びが不便だったり，通常1冊の教科書が何冊にも分かれるため，置き場所の確保が難しかったりします。年齢や実態に応じて，タブレット端末との併用も検討するとよいでしょう。

中学校以上では試験時間の延長についても検討が必要です。医師により基準を満たしていると認められれば，入試センター試験では1.3倍の時間延長が認められています（大学入試センターＨＰ参照）。

背景要因2 体育や全校行事の場面で，全体の様子を把握できない

(集団への指導スキル)

point 指示語には一言添える

全体へ指示をする際に，「あれ」「これ」といった指示語とともに指さしなどで説明することがありますが，見えにくさのある子どもにとってはその指さしなどがとらえられず，理解できないということがあります。「あそこの箱に入れましょう」と指さしなどで示すのに併せて，「Ａさんの席の右にある箱」「体育館ステージに向かって右端にある箱」と言葉を添えるとわかりやすくなります。箱が目立つ色をしているとさらに探しやすくなります。

point 色を工夫する

赤白帽子やはちまきの色でチーム分けをするときには，チームごとに色のはっきりしたビブスを着ます。帽子やはちまきよりも面積の広いビブスの方が見えやすいからです。

ボールを使う際には，床や地面の色とはっきり区別できる色を選ぶようにしましょう。体育館の木目の床の場合はオレンジ色よりも白や明るい水色のボールの方が見えやすいでしょう。縞模様など大きな柄のあるボールがよい場合もあります。

第4章　授業

個別の支援スキル

point 見るための時間をとる

　社会見学や宿泊研修，修学旅行等，初めての場所では，環境のイメージがもてていないため，活動や移動に時間がかかります。普段の慣れた場所では見えにくさを感じさせない行動をしているので，周囲が意外に思うこともあるでしょう。事前に環境の把握をする時間がとれるのが理想ですが，そうでなければ，安全を優先して教員や友だちの肘や肩に軽く触れて一緒に歩くガイド歩行で移動します。何かを見学するときには，歩きながらではなく安全な場所に立ち止まり，見ることに集中できるようにします。単眼鏡という遠方用のレンズやタブレット端末のカメラ機能で見せながら，言葉でも説明があるとわかりやすくなります。

　ダンスなど動きの指導では，モデルを近くで見せることと併せて，タブレット端末で動きをビデオ撮影し，その動画を自分が見たいところで止めて部分的に拡大して見るといったことも有効です。

　見えにくさのある子どもの支援については，地域の盲学校（視覚特別支援学校）やロービジョン外来（治療でなく生活の向上を目指したサポートを行う）のある眼科などが相談に応じています。本人，保護者，学校の先生方が共にニーズを把握し支援をするきっかけとしてそれらの機関とつながるとよいでしょう。　　　　　　　　　　（川野　吏恵）

【参考文献】
・氏間和仁編著『見えにくい子どもへのサポートQ＆A』読書工房，2013

COLUMN

英語教育とディスレクシア(dyslexia)

　Aくんは英語が好きでリスニングや会話の成績は良好なのに、単語テストや教科書の音読が平均よりもずっと低い状態です。定期では全体的に間違いだらけ。他教科の担当教員に尋ねると、Aくんは提出物等真面目に提出し、テストでは平均点かそれ以上をとっているようです。どうも英語だけが極端にできないようです。

　Bさんは大人しく真面目な生徒です。ですが1学期のテストで、文字の反転（bをdなど）やバランスの悪さ（汚さ）に気づきました。個別に指導してみると、本人は一生懸命覚えよう、きれいに書こうと努力しており、それでもうまくできないということがわかりました。他教科では特に国語・歴史・地理などで地名や人名の漢字が覚えられず、全科目でかな文字での回答が多いことがわかりました。

　上記のAくんもBさんも架空の生徒ですが、中学校の先生にとって単語が読めない、スペルが覚えられない、教科書の音読すらままならない生徒の存在は決して珍しくないでしょう。ディスレクシア（dyslexia）は、読み書き困難を意味する用語ですが、英語圏では10人に1人といった非常に高い割合で出現し、その多くがまさにこうした基礎的なリテラシーの習得につまずくことが特徴です。しかし日本の中学校ではそうした困難さと、指導支援がうまく結びついていないのではないでしょうか。

　例えば同じ読み書きの困難でも、Aくんの場合は他科目

での問題が少ないことから，英語のディスレクシアの原因と考えられている音韻認識が弱い可能性が考えられます。国語等では努力によってなんとか維持していた成績が，英語学習が始まると，生まれつきの認知的な弱さが急に顕在化することがあります。また，Bさんの場合のように，他教科でも書字の問題が生じているようであれば，視覚認知処理や，文字の処理速度，目と手の協応などの弱さを抱えているのかもしれません。

　教員は医師のような診断はできませんが，見えている問題の背後要因を推測し，そこから指導支援をスタートすることができます。もしディスレクシアであれば適切な指導によって大きく改善することが欧米では明らかにされています。「今の指導ではうまくいかないだけ」と気づけば，指導方法を見直すチャンスです。Aくんには英語の音韻認識指導とフォニックス指導が有効かもしれません。Bさんはまず作業療法士や特別支援の先生に書字の問題について相談し，適切なサポートに関するアドバイスを求めましょう。授業ではフォントの大きさや字体など本人と相談して最も使いやすい文字を使うといった配慮が必要になります。合理的配慮は本人の学習意欲を維持し自尊心を高めるだけでなく進学やその後の進路にも影響しますので，専門家などを交えた相談は大切です。英語指導支援の手立てもいろいろと紹介され始めていますので，最新情報に関するアンテナもあちこちに張っておくといいですよ。（村上加代子）

第 5 章

連携・接続

第5章 連携・接続

❶ 教科担任等，関連教員間での連携ポイントは？

　担任のA教諭は授業中，離席するBさんについて悩んでいます。座るよう指示しても座ってくれません。管理職からは，「困ったときには職員室に連絡してもいい」と言われていたので職員室に電話をかけることもあります。連絡すると2〜3名の先生が教室に来て，怒鳴りながら離席しているBさんを連れ出します。他の先生もBさんにどのように関わったらよいかわかっていません。これまで威圧的な態度で取り組むことが効果を発揮したと感じている先生方は，「座りなさい！」「静かに授業を受けなさい!!」とこれまでと同様に威圧的な言葉や態度で関わっています。

　算数専科のC教諭は，適切な支援を意識して授業を行った結果，笑顔で授業に取り組むBさんを知っているので，落ち着かないのではなく，落ち着けないのではないかと考えています。みんなと一緒に授業を受けたいし，先生方とも仲よくしたいと思っていることにも気づいています。しかし，この学級に関わっている先生全員にこの事実を伝える場や時間がないまま数日が過ぎてしまい，Bさんの態度や言葉は日を追うごとに悪くなっていき，常時数名の先生がBさんを見張るようになりました。さらに，「強く指導するように」と管理職から指示されることもあります。

　ここでは，「共通理解」と「共通実践」という視点から考

えていきます。

> **これだけは知っておこう**
>
> それぞれの考え方や手法があることは大切ですが，違いすぎることは子どもたちの混乱を招きます。ビジョンを共有し，考え方や手法の一部を揃えましょう。
>
> ### 背景要因1 ☞ ビジョンの共有（共通理解）
>
> 校内委員会を開き，ケース会議を行う必要があります。子どもの家庭環境から，これまでの支援の在り方，これからの支援のもち方を話し合い，Bさんについての共通理解を深めていきます。Bさんへの理解が異なると，Bさんへの支援方法がズレて，統一性のない支援が悪い状況を生み出します。同じ時間・同じ場所に関係職員が集まり，Bさんについて共通理解をもつことで関係職員同士の協力・連携の在り方も改善され，よりよいBさんへの関わりにつながります。
>
> ### 背景要因2 ☞ 理解をもとにした取り組み（共通実践）
>
> 共通理解が深められた後には，共通実践が必要になります。ここでの共通実践とは，関わり方や声のかけ方などを含みます。Bさんの背景をもとに苦手としていることや得意としていることから，実践を積み重ね，成功例や失敗例を記録し，共有します。そうすることでよりよい支援の在り方が見えてきます。指導の在り方が異なると子どもは混乱し，居場所を失います。共通理解をもとにした，共通実践から省察への繰り返しが大切です。

背景要因1 ビジョンの共有（共通理解）

集団への指導スキル

point 子どもの困っていることを共通理解する

まずは，管理職にお願いして校内委員会を開いてもらいます（校務分掌を見て担当に直接お願いすることも必要です）。子どもの困っていること（離席，ノートが書けない，片付けられない，コミュニケーションがとれない）を共通理解することが，子ども，保護者，教師，みんなが笑顔で過ごすためのスタートです。

point 定期的な情報共有を行う（時間と場の確保）

支援計画を立てた後には，その計画に基づいてフィードバックを行うことが必要です。放課後3～5分と時間を決め，その子どもについての記録を残します。習慣にすると苦にならずに行うことができます。その細かな記録を毎日，もしくは1週間に1度，関わっている先生方に渡していくことでBさんについての共通理解はさらに深まり，関係職員全員でよりよい関わりができるようになります。口頭でも報告・連絡・相談を行います。ここでのポイントは，**改めて共通理解する時間と場を確保する**ことです。特に管理職とは連絡を密にします。また，支援の必要な子どもへの手立てが書いてある資料のコピーなどを，関係職員に「参考程度に」と伝えながら渡すことも大切です。

個別の支援スキル

point 個別の成功・失敗事例を共有し，財産にしていく

「算数の図形は得意でとても真剣に取り組んでくれます」

第5章　連携・接続

「理科の一人一実験の時は，集中して取り組んでくれます」
この２点から見出すことができる個別の支援は，具体物があるということです。各教科の授業の様子を情報収集し，その子に合う授業を構成することで，よりよい支援の在り方を見出すことができます。

^{point} 個の苦手さを共有するための情報交流ノート

教科指導において，子どもが意欲的になる場面があります。反対に，暴言を吐いたり，荒れたりする場面もあります。「いつ」「どこで」「誰と」「考えられる要因」などを記録し，伝えるための情報交流ノートを準備します。教科間で共通しているところには丸をつけていきます。そうすると，どのような状況で意欲的になるのか，どのような声かけや道具が効果的なのかが教科間の連携で見えてきます。

（　）年（　）組 名前（　　　）期間　年　月　日～　月　日				
	日頃の様子（該当に○印）			特記事項を記入
	よい	普通	悪い	
①登校中				
②朝の会				
③朝自習				
④午前の授業 ・教科・場所 ・活動内容 ・指導形態 ・その他				
⑤休み時間				
⑥給食時間 　待ち時間				
⑦給食時間				
⑧給食時間 　片付けの時間				
⑨掃除時間				
⑩午後の授業 ・教科・場所 ・活動内容 ・指導形態 ・その他				
⑪帰りの会				
⑫下校中				
⑬放課後				
⑭部活中				
⑮自習中				
⑯運動会				
⑰音楽会				
⑱遠足行事				
⑲クラスマッチ				
⑳その他行事				
21　天気				
22　季節				
23　座席の位置				
24　近くの友達				
25　その他				

（　）年（　）組 名前（　　　）期間　年　月　日～　月　日			
苦戦している ことがら	困難さの背景にあると予想されるもの	支援内容 （効果的であったか，なかったか）	誰が・いつ・どこで取り組む
学習面 (聞く・話す・読む・書く・計算する)			
生活面			
対人関係面 (誰と・どんなグループと・どんな言葉で)			
その他 (不注意・多動性・衝動性・こだわり)			

背景要因2 理解をもとにした取り組み（共通実践）

集団への指導スキル

🐦 第三者からの価値づけを行う

　子どもの小さな成長を見取り，情報を共有し，みんなから認めてもらえる環境を整えます。「算数の授業で，図形の問題をがんばって解いたらしいね。A先生，Bさんのがんばりをとても喜んでいたよ。先生もそんな話を聞いてうれしくなったよ。ありがとう。次の外国語の授業もよろしくね」複数の教師が関わるよさはここにあります。「みんなから認めてもらえる」「みんな私のよさをわかって，苦手な部分を成長させようとしてくれる」と子どもが実感することで，安心感が生まれ大きな成長につながります。

🐦 「叱る」ことから「フォローする」ことへ

　表情や態度から指導に対して納得していないと感じたときには「どうしたの？　何かあったの？」と優しく聞き取ります。「あの先生はいつもぼくのことを叱ってばかりだ」と感じている子どもと叱った先生との信頼関係を紡ぐ必要があります。そのために「そうか，それは嫌だったね。ただ，いつもA先生，Bさんのこと職員室で心配しているよ。大切にしてくれているんだよ」と，このような教師間の連携を相互に行うことで大人への信頼感も高まります。

🐦 中心になる先生を明確に決める

　担任の意図と異なることを他の教師が言うと，子どもは混乱します。「手の挙げ方」「並び方」まで，担任を基準に動くので，担任の考え方や手法を聞き取ることが大切です。

第5章 連携・接続

個別の支援スキル

教師にメリットを理解させる

> ① 活動の順番を番号で示し，授業の流れをパターン化する。
> ② 一つの活動に一つの指示・具体的な指示を出す。
> ③ 活動のバリエーションを豊富に入れた授業を行う。

上記のような「個別の支援」として有効な手立てを「共通実践」として行うためには何が必要なのでしょうか。

> ① 何をどうすればよいか視覚的・具体的な型を教師に示す。
> ② 準備にかかる時間をこれまでと同じか，減らす。
> ③ 教師にもメリットがあることを実感させる。

教師にもプライベートがあります。「勤務時間外になる」「これまで以上に大変になる」などは好まれず，長続きしません。また，新しい取り組みに否定的な方でも見て読めば取り組めるわかりやすい資料を準備します。（福岡市教諭）

> 2 個別な対応 ○児
> ・動物が好きなので係活動で動物係をつくり，動物の飼い方や特徴を紹介させる（字を書くことが苦手なため写真やコピーの切り貼り）ことで，活躍する場をつくる。
> ・朝の会，給食待ち時間・掃除時間・帰りの会は，何をどのようにしたらいいのかわかりにくい。具体的に何をどうするべきか示し指示を出す。
> ・柔らかい声かけで「今から，教科書とノートを机に入れます」，入れ終わったら「ランドセルと水筒を棚にしまいます」「体操服は廊下の〇番のフックにかけます」と具体的に指示を出す。「しまいなさい！」では何をどうしまえばいいか伝わらない。

個別の情報共有資料（架空人物）

【参考文献】
・森孝一「福岡市発達教育センター支援のヒントシート」『LD・ADHD・高機能自閉症 就学＆学習支援』明治図書，2003

❷教育支援員等，支援に入る教職員との日常的な連携ポイントは？

「私はこう思う。なぜならこの子は……」
「そうでしょうか？ 私が以前関わった子は……」
　授業中，反抗的な言動を繰り返し，注意されると逆ギレして教室を飛び出してしまうAさんへの対応を話し合うため，関係する職員が放課後に集まりました。経験豊富で発言力のある2人の職員が，熱い議論を交わしています。勤務時間が過ぎた学習支援員も，話し合いの席に参加しているのですが，何も言えません。Aさんの家庭環境について重要な情報をもっている養護教諭も，話を切り出せずにいます。参加者がAさんについて知っている断片的な情報を出し合うことに終始した話し合いは，時間だけが過ぎ，具体策が出ないまま終了となってしまいました。
　そんな話し合いを経験したことはないでしょうか？
　Aさんをなんとかしたいという思いは，皆同じです。しかし，成果と方向が見えない話し合いは，誰にとっても後味が悪く，円滑な連携は期待できません。噛み合わない連携には，次の2つの要因が潜んでいます。
①子どもの理解が揃わない
②打ち合わせの時間が取れない
　支援が必要な児童生徒に関わる教職員が，無理なくスマートに連携するためのポイントについて，考えてみます。

これだけは知っておこう

　特別支援教育の体制の整備が進み，どこの学校にも児童生徒を支援するための校内委員会が設置され，特別支援教育コーディネーターが指名されるようになりました。クラスの児童生徒の支援を学級担任まかせにする時代は終わり，関係する教職員が一体となって対応することが求められています。しかし，教職員がチームとして機能しない現実があります。連携には現場の"知恵"と"工夫"が必要です。

背景要因1 ☞ 子どもの理解が揃わない

　支援を急ぐあまり，各々が子どもの困りを経験則で解釈し，根拠に乏しい具体策を出し合うことになってはいないでしょうか？　情報を収集・整理し，子どもの困りを分析する過程が欠けているのです。連携する教職員が情報を出し合い，納得と了解をすり合わせて，Aさんの困りの理解を揃えることが大切です。

背景要因2 ☞ 打ち合わせの時間が取れない

　子どもの困りを読み解くのは，時間と手間がかかります。学校現場は多忙です。地域によっては，学習支援員が時間勤務のため，連携する教職員が集まることすらままならない現状があります。困りを抱える子どもの情報を共有し，役割分担を明らかにするための手立てが求められます。

背景要因 1　子どもの理解が揃わない

集団への指導スキル

point　ケース会議を開催する

　Aさんの困りを共有し，支援目標と役割分担を明確にすることを目指すケース会議を特別支援教育コーディネーターが中心となり，立ち上げてみましょう。支援戦略と支援の経過を記したケース会議の記録は，全職員に回覧し，ケース会議への理解を促します。

point　ケース会議を実働部隊にする

　ケース会議に参集するのは，日頃Aさんと関わりのある教職員です。ケースによっては，養護教諭や少年団の指導者がメンバーになる場合もあり得ます。学級担任が把握していない情報を各々が持ち寄ることで，支援のアイディアが生まれます。

point　連携を成功に導く努力を続ける

　連携に基づくチーム支援は手間と時間がかかります。支援が思うように進まないと，メンバーは疲弊し，互いに誤解や不信感が生じます。連携を始めたからには，「子どもの笑顔が戻るように，あらゆる手を尽くす」という強い意志をもち続けることが大切だと感じます。

個別の支援スキル

point　困りを可視化する

　特別支援教育コーディネーターは，Aさんと関わる教職員から情報を集め，整理と分析をした分析シート（図1）を作成し，ケース会議に提案しました。Aさんの言動は

第5章 連携・接続

「見通しがもてないことの不安から起因するもの」と，その時点での見たてを行い，Aさんの困りの理解を揃えました。その上で，具体的な支援策についての検討を始めました。

📍 教職員のアイディアを柔軟に取り入れる

　教室を飛び出したAさんが戻る手立てを検討しました。Aさんが本好きだと知る学習支援員は，廊下の本を読み終わったら戻るというスマートな支援策を提案しました。また，学習の見通しがもてないAさんに，特別支援学級の担任は，授業内容を詳しく記した工程表の作成を提案しました。学級担任は，週案をアレンジして活用しました（図2）。通級指導担当者はAさんの知能検査を実施し，学び方の特徴を分析したレポートを作成しました。連携する教職員が持ち寄ったアイディアをAさんに合うようにアレンジして，具体的な支援につなげました。

図1　分析シート　　　　図2　工程表

151

背景要因2 打ち合わせの時間が取れない

集団への指導スキル

point ヘルプコールとお願い力を磨く

連携は他の教職員との協働作業です。学級担任として指導に悩むとき,気軽にヘルプを言える習慣と他者へ上手にお願いするスキルを磨きましょう。

point 小さな声ほど大切に

学習支援員は,忙しそうにしている教員へ,気づいた情報をなかなか伝えられないことがあります。小さなつぶやきの中に支援のヒントは隠れています。こちらから話しかけ,伝え合える関係づくりを心がけたいものです。

point 時間と機会を定める

学校は忙しいので,誰にとっても時間は大切です。ケース会議を開催するなら,1時間以内などと終了時間を定めましょう。たとえ話し合いが途中になっても,打ち切るのです。その方がその後の情報交換が日常的に行われるようになります。また,次の会議の開催日を決めましょう。連携メンバーは,開催日までがんばることができます。

個別の支援スキル

point 役割分担を可視化する

特別支援教育コーディネーターは,Aさんの支援についての連携を明確にするため,役割分担シート(図3)を作成しました。学級担任が行うことと,学習支援員にお願いすることを整理しました。関係する教職員に期待したい支援を記し,ケース会議で修正を加えました。メンバーの情

報から，新たな連携者の存在が明らかになりました。

point すでに行われていることを生かす

連携に基づいたチーム支援が動き出すと，日々のAさんの様子を記録し，共有する必要に迫られました。学習支援員は，その日の支援記録を日報として提出することになっていました。

図3　役割分担シート

そこで，日報をAさんの行動記録に絞って記していただきました。学級担任には，日報にAさんの様子をできる範囲で書き込んでいただくようお願いしました。

施された手立て

point 情報交換できるシステムをつくる

日報と工程表を支援チームで回覧し，各々が気づきを朱書きするようにしました。日常業務の中で時間をかけずに情報を共有できる仕組みをつくりました。　　　（高田　保則）

【参考文献】
・石隈利紀・田村節子『石隈・田村式援助シートによるチーム援助入門』図書文化社，2003
・黒沢幸子『指導援助に役立つスクールカウンセリング・ワークブック』金子書房，2002

第5章 連携・接続

❸ 特別支援学級の交流及び共同学習における日常的な連携ポイントは？

「ハルくんを，朝の会にも誘いたいのですが？」

Ａ小学校で秋の遠足後に，４年の交流学級担任から声がかかりました。校長からも「どんどん進めて」との指示があり，連絡帳で保護者へ伝えると「友だちとの交流場面の広がりをうれしく思います」と返信があり，給食や掃除に加えての交流が直ぐにスタートしました。

一方，Ｂ小学校の保護者からＡ小へ参観依頼が入りました。詳しく伺うと，お子さんが支援学級への入級をすすめられ，その教育相談の席で「急に今までの友だちから離れるのでなく，朝の会や給食などは一緒に過ごせる時間をなるべく多くしてもらえないか？」と校長へ質問をしたそうです。しかし，「うちではそういう方法をとっていません」と言われ，親として我が子のためにどう決断するのがよいか困ってしまい，よその学校の様子を教えてほしいというものでした。

同じ市内の学校でさえ，「交流」についてこのような大きな違いが生じてしまうのは一体どうしてなのでしょう？

背景要因1 ☞ **連携イメージの共有不足**
背景要因2 ☞ **ガイドラインの整備不足**

上記の２つの要因から読み解いてみたいと思います。

これだけは知っておこう

「交流及び共同学習」については，共生社会実現の理念から，障害者基本法（平成23年）の第16条に，「国及び地方公共団体は，障害者である児童及び生徒と障害者でない児童及び生徒との交流及び共同学習を積極的に進めることによって，その相互理解を促進しなければならない」と謳われています。そして，平成29年版学習指導要領でも引き続き，その機会を設けるよう明記されています。

児童生徒相互の交流を促進するためには，まずは指導者となる教職員が，それぞれの児童生徒の障害特性の理解に努める必要があります。そして，「交流及び共同学習」について，実際に授業等の時間を，特別支援学級と通常学級のどちらで過ごすか決定しなければなりません。

このため，学校は「個別の指導計画」を作成し，教職員だけでなく，保護者や関係機関とも連携を図り，指導方法や内容を計画的，組織的，継続的に工夫・改善しています。その際，障害者基本法が定めた通り，児童生徒や保護者の意向を可能な限り尊重しなければなりません。

そういった配慮により，豊かな人間性を育むことを目的とする「交流」の側面と，教科等のねらいの達成を目的とする「共同学習」の側面の双方から，「交流及び共同学習」を少しずつ充実させていくことになるのです。

背景要因1 連携イメージの共有不足

point チームでの支援情報の共有

「補聴器って,余計な音も拾ってしまうんですね」

「マイクの距離はこのくらいで大丈夫でしょうか?」

C中学校に難聴のあるナツさんが入学しました。授業などで,直接補聴器に音声をとばせるワイヤレスマイクの使用方法やノートテイクの支援方法に関して,聾学校より講師を招聘し,急遽校内研修を開催しました。上記は,その時の職員のつぶやきです。彼女の所属する学年の教員だけでなく,音楽の担当教員や広い校庭で活動する運動部顧問にも「指導にすぐに生かしたい」と好評でした。

この研修会は,特別支援コーディネーターの発案でしたが,教育相談に長年携わっている教務主任が研修会のマネジメントを担当し,スクールカウンセラーからの助言も早期の実施に向け大きな後押しとなりました。

このように,校内研修を通じて生徒に関する詳しい支援情報を一気に共有する方法は,日常の連携を構築する前提条件として非常に有効です。こういった配慮ができる中学校は,「居住地校交流」等の特別支援学校との交流学習の受け入れや他の障害種の生徒が入学する場合においても,柔軟な受け入れ態勢づくりを構築できるはずです。

point 保護者とのつながりづくり

「アキさんの家庭訪問,一緒に行かせてもらえる?」

4月末,D小3年生の交流学級担任で学年主任も務めるベテラン教員のオオタ先生が,支援学級に在籍する児童の

家庭訪問への同席を申し出てくれました。「異動間もない支援学級の若手担任をサポートしてほしい」と校長からの要請もあり，学級だよりにアキさんが友だちと一緒に活動している画像を掲載するなどして，交流学級での様子を保護者だけでなく担任へも，さり気なく伝えてくれました。

　このほか，教育相談へも同席し，保護者のニーズを共有した上で，「個別の指導計画」に盛り込む「交流及び共同学習」での目標や手立てについても確認し合い，共同で作成されました。オオタ先生自身が交流学級の子どもたちのよき手本となってアキさんに接することで，所属意識も高まり一緒に遊ぶ子も増え，いじめを心配していた保護者の不安も軽減しました。

　ベテラン教員のオオタ先生のこうした連携姿勢を若手教員も学び，支援学級の児童の対応を基本的にペアで行う仕組みがD小では定番となりつつあります。このように，支援学級の担任と交流学級担任とが連携し，保護者との直接のやりとりが増えることが，支援の充実だけでなく保護者の信頼を厚くすることに役立ちます。

　以上の例（全校体制や最小の二人体制での連携）のように，特別なニーズのある児童生徒への支援を担当者任せにせず，教職員がチームとして取り組んでいく支援体制の構築が，インクルーシブ教育を目指す具体例として，現場には求められています。そのために，連携の基本的な在り方を職員間で共有していくことが，基礎的環境整備では重要になります。

背景要因2 ガイドラインの整備不足

point 事前情報収集の徹底

E中学で，授業中にインターホンが鳴りました。

「フユくんが，学校から飛び出しました！」

体育（共同授業中）のプレーの失敗を馬鹿にされたと言い張り，「そんなことないよ」となだめる授業者に悪態をついて，１年生の彼が出て行ってしまったというのです。

中学では，障害の有無にかかわらず，問題を抱える生徒について情報交換を職員で行う時間を設定しています。上記事案では，この情報共有不足が問題の引き金になってしまいました。小学校で通常学級に在籍していた彼の引継ぎ資料には「粗暴でトラブルが多い。授業に取り組めず，支援学級で過ごすことが多い」との概略があるのみでした。このため，新担任が「詳しい情報を卒業したF小や保護者から得たい」と校長に進言したのですが，入学後の対応とするよう許可がおりませんでした。

しかし，他のトラブルに重ねて飛び出し事案もあったことで，保護者との教育相談やF小での情報交換も急遽行われました。F小では，文脈の読み取りが苦手な彼の特性や興奮した際の行動パターンや対処法についての情報を得ることができ，その後同様の事案が発生した際に，「否定的な言葉かけを避け，辛さに共感する」という共通理解が役立ち，粗暴な言動も軽減していきました。

このことにより，翌年度からは，支援担当者が入級する生徒の保護者や前担任と早期に面談し，生徒の特性やスタ

ート時の交流や共同学習の範囲を相談する場を設け，必要な情報共有に務めることが了承されました。

◉point 柔軟で弾力的な運用

　教室には，様々なタイプの児童生徒が在籍しています。中には各種の都合で集団での生活に困難を抱えたまま通常学級に在籍している児童生徒もいます。そのため，保護者や学校側の意向で，障害の多様化を踏まえた柔軟かつ弾力的な対応が現場には求められ，各種の個別支援が実施されている学校も多くあります。

　例えば，前述したA小学校では，担任の要請や校長の指導の下，特別支援担当が特別なニーズがある児童の教育相談の場に必ず同席しています。話し合いの結果，支援学級で個別学習を設定する場合もあり，登校しぶりの強かった児童や読字困難が疑われる児童の授業参加や生活指導が充実し，保護者も学校の細やかな対応に信頼を寄せています。

　しかし，現実には柔軟な交流が進んでいない学校があることも事実です。このため，上記の入学式前の面談の必要性などに加え，靴箱や座席の位置，交流名簿の順番，朝の会等への参加方法の原則など，「交流及び共同学習」の理念だけでなく，その運用の原則と具体例を明示したガイドラインを各都道府県や市区町村のレベルで早期に整備することが重要です。　　　　　　　　　　　　（塚田　直樹）

【参考文献】
・文京区教育委員会「文京区立学校の『交流及び共同学習』〜共に育つためのガイドライン〜」，2014

第5章 連携・接続

❹部活動の担当者との連携ポイントは？

　部活動が終わってグラウンドから戻ってきた若手の野球部の顧問の先生が，「Aは，全然集団行動ができないんだよなぁ」「この前も，片づけの時に『自分で考えて，必要なことをやれ』って言ったけど，何にもせずに見ていたもんなぁ」と，大きな声でぼやいています。県大会優勝を目標に，厳しい練習を行っている中で，Aくんはその時々に何をすべきかがわからずに固まってしまうことが多く，顧問からも部員からも邪魔者扱いされています。

　Bさんが所属する女子バドミントン部は，地区大会の団体戦で2回勝つことが目標のチームです。練習は和気藹々とした雰囲気で，それぞれの実力に合わせてそれなりに練習に取り組んでいます。Bさんも，練習にはしっかり取り組むのですが，相手のことを考えない言動で，人間関係のトラブルをたびたび引き起こします。顧問の先生も部員も，Bさんがトラブルを起こすたびにその解決に時間を取られ，Bさんを部のトラブルメーカーのように思っています。

　実は，教室の中では，特別支援教育の視点で支援を受けることができているAくんとBさんなのに，部活動では邪魔者やトラブルメーカー扱い。なぜそうなるのでしょう。
①部活動顧問に特別支援教育の視点が弱い
②顧問が持っているその子の情報が少ない

これだけは知っておこう

　部活動は課外活動なので,教室とは違った世界であると認識している先生や生徒が多いように思われます。部活動は「勝つ」という目的がはっきりしており,そのために厳しい練習を行うという暗黙の了解があるのです。しかし,そのような暗黙の了解がわからない生徒にとっては,どう振る舞っていいかわからない場となります。

背景要因1 ☞部活動顧問に特別支援教育の視点が弱い

　部活動の場においては,教師主導で「勝つ」ためのチームづくりを優先するあまり,画一的に厳しい規律を守ることを生徒に求めがちです。部活動も学校教育の一環である以上,生徒の特性に合わせた指導が必要になります。また,部員にもそのことを伝え理解させる必要があります。

背景要因2 ☞顧問が持っているその子の情報が少ない

　職員会議での生徒理解研修会は学期に1回か2回です。ケース会議があったとしても,部活動の顧問も参加するという例は少ないと思います。だから,部活動で困っている生徒がいても,自分の担当の学年,学級以外の生徒については,その生徒の日常の姿,あるいは特性を知ることができません。さらに,そこに,部活動は教室とは別の場であるという意識が働くと,その子の特性によって引き起こされている事態が見えなくなってしまいます。

背景要因1 部活動顧問に特別支援教育の視点が弱い

集団への指導スキル

　部活動も学校教育の一環であり，教室での教育活動の延長上にあるという意識を，全職員がもつことが大切です。

point 職員会議で配慮事項の共通理解を図る

　生徒理解研修会において，特別の支援が必要な生徒に関しては，必ず所属部活動名を明記して，部活動の場においても支援を行わなければならないという意識を全職員で高めていきます。具体的には，教室で行っている特別支援教育の視点に立った生徒理解を部活動でも行えるよう，事例を挙げて共通理解します。顧問と当該生徒の担任とが，密に情報交換を行うことが大切であると確認するのです。

point 担任から生徒への聞き取り・面談

　厳しい部活動の場合，生徒が顧問に本音を言えないということもあります。そこで，当該生徒には，担任が定期的に部活動をする上で困っていることや不安に思うことがないかを聞くようにします。これを，例えば全校を挙げての教育相談の中に位置づけます。教育相談として生徒からの聞き取りの場を位置づけることで，担任，生徒指導，さらにはＳＣ等と連携しながら，複数の教員で生徒を支援していくことができます。生徒が本音を話せる場，相談できる場を全校体制で確保します。

個別の支援スキル

　実際に部活動の場で行う支援は，教室で授業を行う支援を応用します。例えば，以下のような支援が考えられます。

point ホワイトボードなどに練習メニューを示す

練習メニューと，その時間（回数）を，部員全員がわかるように，ホワイトボードに書くなどして可視化します。

point 部活動内の決まりごとを言語化する

やるべきことを言語化して指示します。「練習が終わったら床をモップがけする，モップが足りなければゴミを拾う，することがなければ最後のミーティングのために輪になって待つ」というようなことは，多くの生徒にとっては当たり前のことです。しかし，指示がないと何をしていいのかわからない生徒もいます。そのような生徒には，教室と同様，何でも「当たり前」と思わず，個別に一つ一つ丁寧に指示を出します。

point その生徒のことを部員が理解し援助する

部活動は放課後に行われるため，顧問がその場にいられない時間も多いはずです。そこで，生徒同士による理解と支援が必要になってきます。ミーティングの時間を取り，部員の多様性（長所も苦手なところも含めて）を認め合える雰囲気づくりをするとともに，部長や副部長，パートリーダー等，部活動の中でリーダー的な役割を果たす生徒を中心として，部員全員で，何をしていいかわからなくなる生徒に声をかけるという共通理解をしておきます。

背景要因2 顧問が持っているその子の情報が少ない

集団への指導スキル

顧問が，部活動だけで関わる生徒のことを意識して見ざ

るを得ないような連絡体制をつくります。

◆point 担任や主任が部活動顧問に生徒の様子を聞く

担任や学年主任は，生徒理解研修会や校内支援委員会の資料を作るときに，必ず部活動顧問に，その生徒の部活動時における様子を聞くようにします。担任や学年主任から生徒の様子を聞かれるとなると，顧問もその生徒のことを注意して見るようになります。それが，顧問がその生徒のことを理解する第一歩になります。

◆point 担任や学年主任が生徒の教室での様子を顧問に伝える

上記のように，顧問に部活動での生徒の様子を聞く際に，必ず教室での生徒の様子を伝えるようにします。そうすることで，その生徒に関する多面的な見方ができる上，指導や助言の仕方に関しても相談できるようになります。

◆point その生徒の情報を周りの部員に聞いてみる

ある生徒の言動が顧問にとって不可解なものであっても，周りの部員にとっては「ああ，あの子の性格とか特性から考えたら，そうなるよね」と，納得できるものであることがあります。部員として，同じ目線で生活をしているからこそわかることがあるのです。担任は，気になるあの子の周りの部員からも情報を集め，併せて顧問に伝えます。

個別の支援スキル

連絡体制も大切ですが，やはり，顧問の生徒への関わり方が一番重要であることは間違いありません。

第5章　連携・接続

point その生徒との関わりを増やす

なんといっても，普段から気にかけ，目をかけ，声をかけることが生徒を理解していく上で最も大切なことです。短い時間でもいいので，気になる生徒とは関わりを増やすようにします。短い時間でいいのです。こまめに声をかけ，できれば笑顔で会話が終わるようにします。

point その部の目指すところやルールを直接説明する

全体に対してその部活の目標やルールを話しても，その生徒は理解できていないかもしれません。また，なんとなくルールがわかっていても，その理由まではわからずに，機械的にルールに従っているだけなので，ちょっと状況が変わると対応できないのかもしれません。機会を捉えて，個別に，丁寧に目標やルールを説明します。

point 「いつでもどこでも一律に…」を求めない

顧問が，技術的なことにしろ，心構えにしろ，全員が一律にできるようにならなければならないという思い込みを捨てることです。あるいは，どうしてもできない生徒がいたら，なんとかできるように工夫をし続けるのが顧問の（教師としての）仕事であると心得ることです。顧問が，「○○せねばならぬ」から「できないこともあるさ，ドンマイ」というふうにマインドセットを変えるだけで，生徒はずいぶんと気持ちが楽になるはずです。　　（海見　　純）

【参考文献】
・中央教育審議会報告「共生社会の形成に向けたインクルーシブ教育システム構築のための特別支援教育の推進」，平成24年7月
・「中学校学習指導要領総則」，平成29年7月

❺ 卒業後の進路を検討するために必要な連携ポイントは？

　社会人になったＡさんから，突然電話が入りました。近況を尋ねると，Ａさんが寂しげな声で語りました。
「色々あって……今，無職なんです」
　Ａさんは成績優秀で運動部でも活躍し，進学校に合格しました。一方，思ったことを遠慮なく言ってしまい，他の生徒とトラブルになることが頻繁にあり，校内の生徒指導交流会で度々話題になった生徒でもありました。高校進学後，運動部を退部したという噂が届きました。大学に進んだＡさんが，どんな人生を歩んできたのか気になります。
　吃音症状を抱えるＢさんの保護者から，駆け込みの教育相談の依頼がきました。高校入試の面接試験に大きな不安を抱えていたのです。
「もう，どうしたらいいのかわからなくて……」
　電話口のＢさんのお母さんは泣いていました。
　長い人生を考えると，卒業後いかに豊かに自立して暮らしていくかが，とても大切です。虚しさを抱えるＡさんや不安を抱えるＢさんが安心して充実した人生を過ごすためには，何が必要だったのでしょう。生徒の過去を受け継ぎ，未来に引き継ぐという２つの視点で考えてみます。
①その子の成育歴を知らない
②卒業後の支援を知らない

これだけは知っておこう

　連携という言葉は，医療機関や相談機関，就労支援機関や福祉施設など学校以外の分野でも頻繁に使われます。それは，他機関との連携抜きに各々の仕事が成り立たなくなっている証でもあります。特に，支援を要する児童生徒の進路を検討するに当たって，学校は他機関との積極的な連携が求められます。

背景要因1 ☞ その子の成育歴を知らない

　配慮を要する児童生徒が，入学前にどのような支援を受けていたか，という情報をお持ちでしょうか？　受け持ちの子どもについて，今感じている気がかりは，入学前から指摘されていたのかもしれません。

　その子の引継ぎ情報の有無を確認しましょう。関係機関に問い合わせをすると，進路の検討のための情報が得られるかもしれません。

背景要因2 ☞ 卒業後の支援を知らない

　配慮が必要だった児童生徒が，卒業後社会人となり，どのような暮らしを送っているのかをご存知でしょうか？　もしかすると，支援機関や相談機関が関わっているのかもしれません。卒業した生徒の今の暮らしを探ることで，地域にある様々なサポートの現状を知ることができます。

背景要因1 その子の成育歴を知らない

集団への指導スキル

point 引継ぎ情報を洗い出す

金庫の中やキャビネットの奥に、生徒の引継ぎ情報を記した文書が埋もれてはいないでしょうか？

就労機関の採用担当者に尋ねると、休まず続けられる気力と体力や、初対面の人とあいさつができることを求められます。学業成績だけでは自立が立ち行かない現実があります。

引継ぎ情報の中に、見落としていたその生徒の長所や個性が記されているかもしれません。進路を検討する際の有力な情報になり得るのです。

point 保護者にたずねる

保護者は、その子の一番の理解者です。進路を検討するための情報を提供していただきたいと保護者にお願いしてみましょう。我が子の進路に関することですので、どなたも協力的になってくれますし、相談記録や支援記録をお持ちかもしれません。

進路検討のための最も心強い連携者は、保護者なのです。

個別の支援スキル

point その子の困りと特性を把握する

「やればできるのにがんばれない生徒」という捉え方をされていたCさんは、遅刻と欠席が目立つようになりました。保護者によると、夜中まで自室でイラストを描いて寝不足になっているということでした。

教育相談担当者は、Cさんの悩みを丁寧に聞き取り、保護者のお話と過去の引継ぎ情報と照らし合わせました。その結果、興味の幅が狭く偏り大きいCさんの考え方の特徴が浮き彫りになりました。Cさんは、人見知りが極度に激しく、自分の思いを伝えることができずにいたのです。イラストは、そんなCさんが自分と向き合う手段であったようです。

point その子の長所を把握し居場所をつくる

　相談担当者の報告を受けた関係者は、Cさんの支援を始めました。学級担任は、学校祭のポスター制作を依頼しました。学校長は個人面談し、イラストで生計を立てるまでの道筋と必要なコミュニケーションについて説きました。保護者はCさんのイラストをほめるようになりました。

　プロ並みの筆致にもかかわらず、冷たく無表情だったCさんのイラストの人物は、柔和な笑顔に変わりました。

point その子の情報を整理し引き継ぐ

　相談担当者は、Cさんの相談と支援の記録を整理し、文書にまとめました。学級担任に文書を託し、進学先への丁寧な引継ぎをお願いしました。Cさんは、進学先の担当者から勧められた美術部に所属しました。将来は、イラストで生計を立てる仕事に就きたいと考え始めました。

背景要因2　卒業後の支援を知らない

集団への指導スキル

point 進学先の情報を知る

　高等学校での通級指導教室の設置が進められています。

困りを抱える生徒に合わせた支援が始まることで，進路や就労の指導は，大きく様変わりしていくことでしょう。また，大学などの高等教育機関では，学生支援のための相談室が設けられています。一人暮らしの生活支援や授業のサポートなどの支援が行われています。学生寮がある学校では，学生の生活支援やコミュニケーション支援に丁寧に取り組んでいるところもあります。こうした進学先の支援の実情を知ることで，進路を検討するための情報を手に入れることができます。

point 地域の社会人支援を知る

就労先に出向き，その人の特性と業務内容のマッチングを行うジョブコーチという制度があります。就労支援を行うNPO法人が，それぞれの地域で活動しています。地元の特別支援学校や社会福祉協議会には，地域の社会人支援の情報が集まっています。問い合わせてみると，有益な情報が得られるかもしれません。

point 卒業後の生徒の動向を知る

卒業した社会人OBに会う機会があれば，近況を尋ねてみましょう。何気ない近況報告の中に，今担当している生徒の進学先の検討に必要な情報が含まれているかもしれません。

個別の支援スキル

point 本人と保護者に情報提供する

高い理解力がある一方で，周囲とのコミュニケーションが不器用なDさんはそのことに悩み，自室に引きこもり，

不登校になってしまいました。相談機関の担当者は，Ｄさんに知能検査を実施し，高い能力と弱い能力の極端なアンバランスさに気づきました。そうした特徴を整理し，本人と保護者へ丁寧に伝えました。

　また，東京大学の『ROCKETプロジェクト』の取り組みを紹介しました。自分と同じような個性と悩みを抱える子どもたちが，生き生きと活動する様子を知り，Ｄさんは前向きに自分を見つめ始めるようになりました。

🐟point 本人と一緒に未来をデザインする

「どうせ，がんばっても仕方ないし……」

　年齢不相応の高い理解力をもっているがゆえに，自らの特徴や家庭環境を把握しているＤさんは，将来を悲観し，進路の展望を描けないでいました。

　Ｄさんは，パソコンや通信環境に興味があり，多くの知識をもっていました。その強みを生かし，在宅や多くの人と関わらずにできる仕事があることを伝えました。地域の高等専門学校に問い合わせ，奨学金制度が利用できることを伝えました。その学校の学生寮には寮長の教職員がいて，生活支援にも取り組んでいることも伝えました。

　Ｄさんは，進学先の入学説明会に，自ら足を運ぶようになりました。　　　　　　　　　　　　　　　　　（高田　保則）

【参考文献】
・明石洋子『お仕事がんばります─自閉症の息子と共に』ぶどう社，2005
・特別支援教育士資格認定協会『特別支援教育の理論と実践Ⅱ』，2012

COLUMN
院内学級での関わり

　みなさんは，院内学級ってご存知でしょうか？「聞いたことあります」という方が最近増えてきました。うれしい限りです。でも，説明をお願いします。と言うと，難しいという反応をされる方の方が多いのではないでしょうか？「院内学級」読んで字の如く「病院の中の学級」です。しかし文部科学省が認めている名前ではありません。通称です。正式には，病弱・身体虚弱児特別支援学級のうち病院内に開設をしている学級です。「病院の中の学校・学級」と呼ばれることもあります。全国に約200学級ほどあります。最近，通常の学校の中にある病弱の特別支援学級はどんどん増えています。病弱教育を掲げる特別支援学校もこの10年で約1.5倍に増えました。しかし，病院の中にある学級数はほとんど変化がありません。現在，医療は凄まじい進歩を遂げています。厚生労働省の方針もあり，子どもたちの入院期間は，どんどん短くなっています。10～15歳の子どもの在院日数の全国平均は約10日間です。

　「たった数日でしょう。今はゆっくり休んで。勉強は治ってからでいいですよ」

　そんな声が聞かれます。もちろん，その言葉が通用する子どもたちもいます。しかし，医療とつながっていなければ生活できない子どもたちも増えています。退院をしても，お家で過ごしている子もいます。不登校のきっかけが病気という子どもが約15％いるという調査もあります。病気の

ある子どもの教育の保障について考える必要があります。

> いやな夢
> 学校へ行く夢を見た
> 久しぶりに行ったら
> ぼくの席がなかった
> 長い間入院をしていたら
> 転校してきた人が
> ぼくの席に座っていて
> 「お前帰れ！」といわれて
> とぼとぼ歩いている時目が覚めた
> 体がとても気持ち悪くなって
> 目が覚めた

　小学校高学年の男の子が教えてくれました。
　もちろん子どもたちは，一緒に入院をしている子どもたちととても仲良くなります。それでも，どちらかが先に退院をする日が来るのです。退院が決まったとたんに，疎遠になる子どもたちを何組も見てきました。子どもたちが一番大切だと思っているのは，やはり学校の友だちです。その友だちから忘れられることは，子どもたちにとって恐怖です。反対の立場だったら，忘れるわけないよねと思うかもしれません。しかし，たった数日の入院でも子どもたちは不安がいっぱいになります。そんな子どもたちが，学校に戻ってきます。入院時からスムースな学校復帰の受け入れの体制を整えていただけるとうれしいです。（副島　賢和）

あとがき

　こんにちは。お初にお目にかかります。堀裕嗣（ほり・ひろつぐ）と申します。札幌市で中学校の国語教師をやっております。特別支援教育に大きく問題意識をもたれている先生方，日々子どもたちの背景に目を向けることに腐心していらっしゃる先生方には，馴染みのない人間であるという自覚があります。従って初見の挨拶と相成りました。

　さて，「学級経営すきまスキル」「生活指導・生徒指導すきまスキル」に続いて，ここに三つ目の企画である「特別支援教育すきまスキル」が完成したこと，そしてこの企画の実現のために青山新吾先生を初めとする多くの専門家，実践者にご協力いただけたことに，まずは感謝の意を述べさせていただきます。おかげさまをもちまして，本書は，私たち（これまでこの企画に携わってきた者たち）だけではとうてい到達できない域にまで提案性を高めることができた，そう感じております。

　「特別支援教育」の発想が普及すれば普及するほど，定着すれば定着するほど，実は「特別な支援を要する子どもたち」が集団から切り離されていく現状がある，少なくとも多くの教師がそれを望むようになってきている，日々そう実感しています。

　「あの子は通常ではやっていけない子だよね」
　「あの子は支援学級に行った方がいいよね」
　そんな声をこの十数年，どれだけ聞いたことでしょう。

あとがき

　これでは本末転倒ではないか。それでは体のいい排除じゃないか。いつもそう感じてきました。それはかつてスクールカウンセラーが導入された折に,「不登校生徒」「メンタル的に弱い生徒」をとにかくスクールカウンセラーや関係機関に繋げば良いという雰囲気ができてしまった,そのイメージと重なります。

　「特別支援教育」は排除ではない。その子独自の背景要因に目を向けながらも,その子が所属する集団を指導し,それと同時にその子自身への支援を広げ深めていく,そうした思想に基づいた教育政策であったはずです。そしてそうした子の存在によって,実は長期的に集団自体も高まっていくことが目指されていたはずなのです。それが一般の教師は「専門的な教育は専門家に任せれば良い」になり,専門をもつ教師は「専門家同士がお互いの専門領域に踏み込まない」になり,子どもたちだけでなく,意識しないうちに教師までが切り離されていく……そんな現状にあるような気がして忸怩たる思いを抱いてきました。

　その意味で今回,本書が背景要因だけでなく,それを見取る知識だけでもなく,集団指導スキルと個別支援スキルの双方に焦点化したことは,かなり画期的なことだと感じております。改めて編集の青山新吾先生,執筆者の皆さんに感謝申し上げる次第です。ありがとうございました。

　　　　　　　　　「LUNA」瀬木貴将／1997を聴きながら
　　　　　　　　　父の四度目の命日に　　　堀　裕嗣

【編者紹介】

青山　新吾（あおやま　しんご）
1966年兵庫県生まれ。ノートルダム清心女子大学人間生活学部児童学科准教授。岡山県内公立小学校教諭，岡山県教育庁指導課，特別支援教育課指導主事を経て現職。臨床心理士，臨床発達心理士。

堀　裕嗣（ほり　ひろつぐ）
1966年北海道湧別町生まれ。北海道公立中学校教諭。1992年「研究集団ことのは」設立。

【執筆者一覧】 (掲載順，執筆時点)

大野　睦仁	北海道公立小学校		高本　英樹	岡山県美作市立美作北小学校
水流　弘貴	福岡県中間市立中間中学校		久田　信行	群馬医療福祉大学特任教授
田中　博司	東京都杉並区立桃井第五小学校		佐藤　雅次	群馬県渋川市立古巻小学校
久保山茂樹	国立特別支援教育総合研究所		村上加代子	神戸山手短期大学准教授
生方　直	群馬県高崎市立久留馬小学校		南　惠介	岡山県美咲町立柵原西小学校
福島　哲也	大阪府東大阪市立花園中学校		三好　祐也	認定特定非営利活動法人ポケットサポート
河内　大	北海道室蘭市立桜蘭中学校		川野　吏恵	岡山県立岡山盲学校
前田　恵理	愛知県大口町立大口中学校		高田　保則	北海道紋別市立紋別小学校
山下　幸	北海道公立中学校		塚田　直樹	群馬県太田市立九合小学校
中嶋　敦	岡山県津山市立南小学校		海見　純	富山県東部教育事務所
西　幸代	学習塾ぽえちか講師		副島　賢和	昭和大学大学院准教授

特別支援教育すきまスキル
小学校上学年・中学校編

2018年7月初版第1刷刊 2021年6月初版第7刷刊 ©編　者	青　山　新　吾 堀　　　裕　嗣
発行者	藤　原　光　政
発行所	明治図書出版株式会社 http://www.meijitosho.co.jp (企画)及川　誠 (校正)西浦実夏 〒114-0023　東京都北区滝野川7-46-1 振替00160-5-151318　電話03(5907)6704 ご注文窓口　電話03(5907)6668
＊検印省略	組版所 株式会社カシヨ

本書の無断コピーは，著作権・出版権にふれます。ご注意ください。

Printed in Japan　　　　ISBN978-4-18-284713-4
もれなくクーポンがもらえる！読者アンケートはこちらから